A mon épouse, Agnès,

A ma fille, Cindy

A Saint Benoît, patron de l'Europe

L'œil voit seulement ce que l'esprit est prêt à comprendre.

C'est parce que l'intuition est surhumaine qu'il faut la croire ; c'est parce qu'elle est mystérieuse qu'il faut l'écouter ; c'est parce qu'elle semble obscure qu'elle est lumineuse.
(Victor Hugo, Proses Philosophiques)

Il ne suffit pas d'avoir des clés, il s'agit surtout de vouloir pousser des portes...

Couverture : Cindy Van de Leur

- Pavement de la rue du Maroquin, à Strasbourg -

Thierry Van de Leur

LE SECRET DES RUES DE STRASBOURG

TOME 2

LE SECRET DES RUES
DE
STRASBOURG

TOME
2

Note de Copyright et première édition avril 2019

Contact auteur : t.van-de-leur@laposte.net

Imprimé en Europe par : www.lulu.com

Dépôts légaux Bibliothèque Nationale de France en 2019

© 2019 par Thierry Van de Leur. Tous droits réservés.

Livre autoédité, également vendu sur :

lulu.com et Amazon

ISBN : 979-10-91289-34-4

EAN : 9791091289344

SOMMAIRE

- La mise à mort…
- Le châtiment…

1 - Le Miracle du Drapeau Européen

Afin de mieux comprendre le monde dans lequel on vit, il est important d'étudier les éléments symboliques qui nous entourent. Le symbolisme n'est pas une théorie esthétique, mais une manière opérationnelle d'agir sur l'esprit humain.

Peu de gens savent que la création du drapeau européen, les 12 étoiles d'or à 5 branches sur fond bleu, tient d'une origine quasi mystique et chrétienne.

L'idée vient d'un certain Arsène Heitz (1908-1989), un artiste alsacien, domicilié au n° 24, rue de l'Yser, à Strasbourg, employé au courrier du Conseil de l'Europe, qui a présenté son dessin au concours organisé, en 1950, par le Conseil de l'Europe. Son idée fut retenue parmi les 101 présentés, car l'image ne paraissait pas religieuse. Mais qu'est-ce qui inspira réellement cet artiste ?

Il ne l'a certes jamais révélé, mais en 1989, après sa mort, on retrouva dans les dossiers qui lui servirent à construire son projet, un fait divers dont il s'est indéniablement inspiré.

Il s'agit de la fameuse apparition de la *Vierge à la Médaille Miraculeuse* survenue à Paris chez les Filles de la charité au n°140, rue du Bac, le 18 juillet 1830 devant la religieuse Catherine Labouré.

Présentée par son ange gardien, la Vierge était apparue à Catherine Labouré toute vêtue de bleu et coiffée d'une couronne à 12 étoiles. Elle décrivit avec précision la médaille à son effigie qu'elle désirait. Cette médaille fut exécutée et largement diffusée sur toute la planète. A la mort de Catherine Labouré en 1876, on comptait plus d'un milliard de médailles distribuées.

Fort impressionné par ce récit, Arsène Heitz lut un peu plus tard le chapitre 12 de l'*Apocalypse de Saint-Jean* :

Un grand signal apparut dans le ciel : une Mère vêtue de soleil, avec la lune à ses pieds, et une couronne de 12 étoiles sur la tête. Tout ceci forma dans l'esprit d'Arsène Heitz, l'image des 12 lumières sur un manteau bleu céleste.

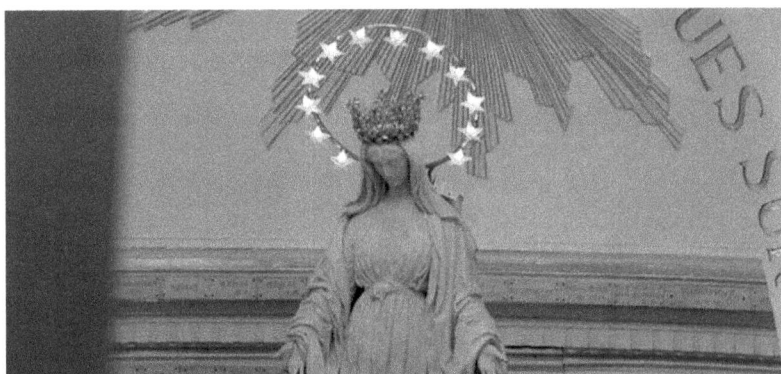

Voici l'origine du drapeau de l'Europe !

Vierge à la Médaille Miraculeuse - Arsène Heitz (1908-1989)

Arsène Heitz qui faisait partie de l'Ordre de la Médaille Miraculeuse, a-t-il été téléguidé pour devenir celui qui devait créer le Drapeau de l'Europe ? Assurément !

En effet la nuit de l'apparition de la rue du Bac, 18 juillet 1830, est la nuit qui amène à la Saint-Arsène … le 19 juillet !

Le 8 octobre 1955, le dessin d'Arsène Heitz fut officiellement adopté comme symbole de l'Europe. Ce drapeau fut baptisé *Plénitude*.

Bien entendu, le récit de la création du drapeau tel qu'il est présenté ici n'est pas du tout la version retenue par le Conseil de l'Europe.

Mais l'année suivante, comme par hasard (et surtout comme un aveu) le Conseil de l'Europe offrit à la Cathédrale Notre-Dame de Strasbourg un vitrail, œuvre de Max Ingrand, où est représentée la Vierge Marie vêtue de bleu et couronnée par les 12 étoiles à 5 branches !

Ce vitrail de l'Europe est visible au fond de l'abside.

Pourtant, en 1989, personne n'était censé savoir ce qui avait inspiré Arsène Heitz, l'auteur du drapeau !

Remarque : Max Ingrand, fervent catholique, a réalisé les vitraux de la chapelle Saint-Hubert où est inhumé Léonard de Vinci, à Amboise (Indre et Loire)…

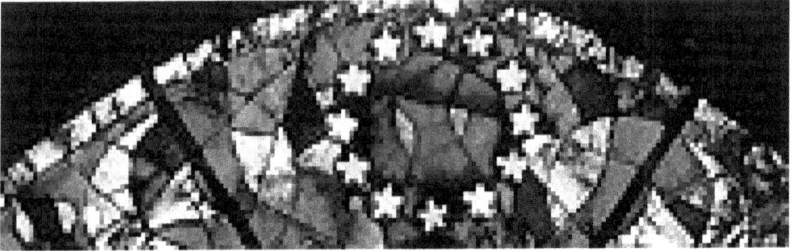

Le grand vitrail de la Cathédrale de Strasbourg

Lors de sa visite éclair à Strasbourg le 25 novembre 2014, le pape François, invité par les institutions européennes, n'est pas venu en France (le Parlement Européen est extraterritorial) et de ce fait, n'a pu se recueillir à la Cathédrale. Mais il a tout de même rencontré Notre-Dame de Strasbourg et un bout de cathédrale.

En effet, à son arrivée au Palais de l'Europe, on lui a présenté une photo grandeur nature du fameux vitrail de l'Europe de Max Ingrand, qui orne la baie axiale du chœur de la Cathédrale.

Etrange cette rencontre indirecte à deux jours de la Fête de la Médaille Miraculeuse (27 novembre) !

Le Pape François 1er, le 25 novembre 2014 à Strasbourg

Arsène Heitz : une trace dans Strasbourg

La trace du motif réel du choix d'Arsène Heitz (1908-1989), a été retrouvée en 1987, soit deux ans avant sa mort, dans la revue belge *Magnificat*, dans laquelle il déclarait être très fier que le drapeau de l'Europe soit celui de Notre-Dame.

Sa veuve confirmera d'ailleurs cette version qu'il fallait garder secrète en raison des autres religions d'Europe.

Historique du drapeau

Les discussions, réunions, commissions furent innombrables, de 1949 à 1955 concernant le projet du Drapeau de l'Europe.

En 1950, c'était Paul M.G Lévy qui était le Directeur du Service de Presse du Conseil de l'Europe.

C'est donc lui qui fut chargé de faire aboutir le projet.

Problème : il ne savait pas dessiner ! Il s'adressa donc à l'un de ses employés du service du courrier, un certain Arsène Heitz, peintre, dessinateur et…bon catholique, comme lui.

Bien entendu, il était important d'éviter une quelconque signification religieuse en vertu de la sacro-sainte laïcité.

Après plusieurs hésitations, Arsène Heitz proposa son croquis définitif : 12 étoiles jaunes sur fond bleu.

En effet, le Parlement Européen était conçu pour 12 nations…

Paul Lévy fut secrètement d'accord pour faire aboutir le projet de M. Heitz en sauvant les apparences, afin de respecter la neutralité la plus absolue.

Malgré plus de 100 projets qui furent en concurrence, c'est le Drapeau d'Arsène Heitz qui triompha fortuitement au dernier moment le 8 décembre 1955 (fête de l'Immaculée Conception !), à l'unanimité, sans que personne n'ait pu chercher cette divine coïncidence.

Ce jour-là, le Drapeau de Notre-Dame, Reine de la Paix, est devenu le Drapeau l'Europe!

En sortant de la salle, le gendre de Paul Claudel poussa du coude Paul Lévy en murmurant "Mais c'est aujourd'hui la fête de l'Immaculée Conception !

Ils ont retrouvé sans le vouloir le fameux introït du 15 août : "Un signe grandiose est apparu dans le ciel, une femme revêtue du soleil, la lune sous ses pieds, et sur sa tête une couronne de 12 étoiles "(Apocalypse XII, 1).

PLENITUDE

Arsène Heitz, parlait des 12 étoiles de la Médaille Miraculeuse (Apparition mariale de 1830 à Paris), Paul Lévy, professeur d'économie politique, parlait plutôt du chapitre 12 de l'Apocalypse…

- Le Drapeau de l'Europe est le drapeau du Conseil de l'Europe, et celui-ci n'en a jamais comporté 12, mais successivement 6,9, 15, et 28 actuellement (2019) -

Les 28 membres de l'Europe, à Scy-Chazelles

Certains chercheurs ont noté que ce drapeau a été officiellement présenté au public quatre jours après son adoption, soit le 13 décembre 1955, fête de Sainte-**Lucie**, un nom très proche de celui de **Lucifer**, dans ce contexte précis où l'on est à 18 jours (6+6+6) de la fin de l'année… Coïncidence ? (Source : Bibleetnombre)

Lucie Dos Santos (future sainte ?) est connue pour avoir été le témoin de l'apparition mariale de Fatima en 1917.

On constatera pourtant qu'en 2009, célébration des 60 ans du Conseil de l'Europe, la façade du bâtiment arborait trois grands panneaux sur lesquels la surélévation du "6" faisait apparaitre un "666" subliminal... Coïncidence encore ? (Source : Bibleetnombre)

Arsène est codé !

Même si Arsène Heitz n'a pas de rue dans Strasbourg, son adresse du n° 24, rue de l'Yser, un grand immeuble de la Capitale alsacienne parle pour lui et se souvient, en créant un étonnant alignement symbolique.

En effet, le n° 24, rue de l'Yser, la statue de Pierre Pflimlin (à l'Orangerie), l'Avenue de l'Europe, l'entrée du Conseil de l'Europe et l'entrée du Parlement Européen sont rigoureusement alignés ! Pierre Pflimlin fut Président du Parlement Européen...

Dans cet immeuble fut imaginé le drapeau européen

La statue semble se diriger vers le Parlement Européen sur une portion de la ligne virtuelle partant du n° 24, rue de l'Yser

Concernant le rapport miraculeux qui semble exister entre le drapeau de l'Europe et la Sainte Vierge (Notre-Dame), une ligne le confirme: la ligne reliant la rue du **Miracle** (située derrière la clinique Sainte-Anne) au vitrail de **Notre-Dame** couronnée des 12 étoiles (abside de la Cathédrale) traverse la cour du **Parlement Européen**.

D'ailleurs, cette ligne est clairement matérialisée au sol dans le pavement de la cour elliptique intérieure.

Cette ligne repère part d'un gros globe de verre baptisée "United Earth" (2005), et indique la direction de la Cathédrale de Strasbourg.

On peut aussi assimiler cette boule à un globe oculaire (l'œil de Dieu ?).

Sur la carte de Paris, le mot-clef "**Yser**" associé à la création du drapeau de l'Europe à 12 étoiles, grâce à Notre-Dame de la Médaille Miraculeuse de la rue du Bac, figure dans deux alignements très spectaculaires voir "divins".

La ligne reliant la rue **Dieu** à la rue de **Strasbourg** (à Courbevoie), passe sur le Boulevard de l'**Yser**, la Place de l'**Europe**, la rue de **Londres** et le siège du **Grand-Orient** de France (n°16, rue Cadet - 9ème arr.).

La ligne reliant la chapelle Notre-Dame de la Médaille Miraculeuse (n°140, rue du Bac) au Boulevard de l'**Yser**, passe sur la rue de l'Etoile.

Cette ligne passe sur la rue François 1er, qui est le véritable nom du Pape, au moment où j'écris ces lignes. Est-ce lui qui va canoniser Robert Schuman, le Père de l'Europe ?

La boule de verre et la direction de la Cathédrale

A Strasbourg, le pont de 245 mètres qui relie la France à l'Allemagne fut inauguré le 23 septembre 1960 (jour d'apparition du Rayon Vert en la Cathédrale) et prit le nom de Pont de l'Europe pour signifier le retour de la paix en Europe et notamment la réconciliation franco-allemande.

Plus de 31 000 véhicules traversent ce pont journellement.

On remarquera que le Parlement Européen, le Conseil de l'Europe et le Pont de l'Europe sont alignés.

Mais cette ligne n'est pas la seule ligne mystérieuse du Parlement Européen !

Le Secret de l'Etoile

Au pied du Palais de l'Europe, sur le trottoir longeant l'Avenue de l'Europe, 9 étoiles en bronze sont alignées depuis le 3 mai 2014. Ce sont les "Dalles Historiques de l'Europe". Cinq nouvelles dalles ont été inaugurées en octobre 2017.

Des phrases de différentes personnalités évoquant Strasbourg et l'Europe sont gravées.

Il y a le Général de Gaulle, le Pape François, Ban ki Moon, Winston Churchill, Taras Chevichenco, Carlo Sforza, René Cassin, François Mitterrand, Helmut Kohl, Ernest Bévin, Abdallah II, Alexander Dubcek, etc…

L'une des étoiles concerne Robert Schuman (1886-1963) qui fut de 1958 à 1960 le premier président du Parlement européen, lequel lui décerne, à la fin de son mandat, le titre de " Père de l'Europe" (père fondateur de la construction européenne).

Sa phrase (déclaration du 9 mai 1950), inscrite dans l'étoile, cache un petit secret que peu de gens connaissent.

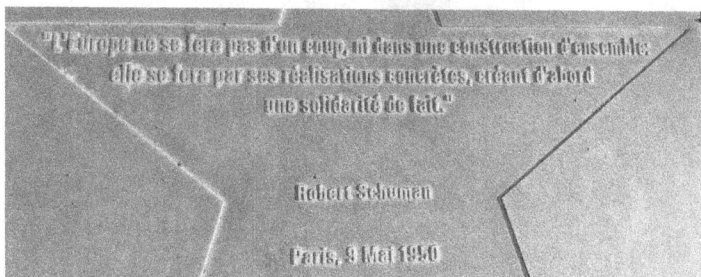

En effet, lorsque vous rédigez un chèque bancaire, vous devez obligatoirement le dater. Cette date se retrouve ainsi soulignée par une ligne qui en fait n'en est pas une.

Si on l'observe à la loupe ou au microscope, cette ligne est la longue phrase contenue dans l'étoile. Mais elle est si minuscule que votre œil ne la distingue pas:

Ce scan présente le début de la séquence: "**Le**_____":

LEUROPENESEFERAPASDUNCOUP et en totalité:

LEUROPENESEFERAPASDUNCOUPNIDANSUNECONSTRU
CTIONDENSEMBLEELLESEFERAPARDESREALISATIONSC
ONCRETESCREANTDABORDUNESOLIDARITEDEFAIT

En insérant la typographie usuelle avec ses espaces, virgules, apostrophes... on obtient la phrase suivante :

«L'Europe ne se fera pas d'un coup, ni dans une construction d'ensemble: elle se fera par des réalisations concrètes créant d'abord une solidarité de fait.».

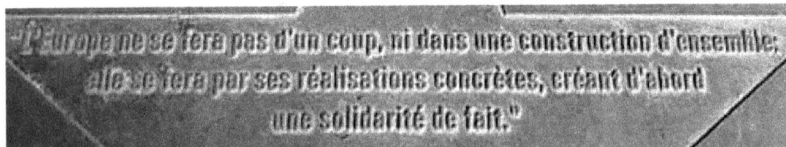

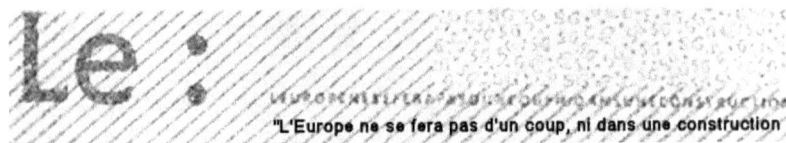

d'ensemble. Elle se fera par des réalisations concrètes, créant d'abord une solidarité de fait."

Au-delà de l'importance historico-politique de la Déclaration Schuman, se pose la question du "pourquoi cette phrase sur nos chèques"? Message subliminal favorisant l'adhésion des français au principe Européen ou sécurité de plus pour prémunir les chèques de la contrefaction ?

Robert Schuman signant la Déclaration Schuman dont le texte fut rédigé par Jean Monnet, le 9 mai 1950, dans le Salon de l'Horloge du Quai d'Orsay (Ministère des Affaires Etrangères et Européennes.

A Paris, l'axe Square Robert Schuman - Place Jean Monnet, amène sur cet endroit.

Le plus grand drapeau du monde

Le 16 novembre 2015, jour de Sainte-Marguerite, à l'occasion des cérémonies commémoratives des 50 ans du Drapeau de l'Europe, un groupe d'adolescents, réunis devant le siège du Conseil de l'Europe, ont placé 12 étoiles dorées sur un immense étendard bleu de 45 mètres sur 25, constituant ainsi le plus grand drapeau du monde, selon le livre Guinness des records. (EC audiovisual photo).

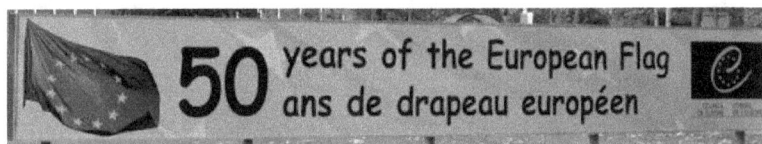

50 years of the European Flag
ans de drapeau européen

2 - Saint-Robert Schuman

MIRACLE : Fait positif extraordinaire, en dehors du cours naturel des choses, que le croyant attribue à une intervention divine providentielle et auquel il donne une portée spirituelle.

Les saints du futur seront-ils des saints en veston ?
Robert Schuman, le "père de l'Europe" voulu être prêtre, il resta célibataire toute sa vie. Depuis sa plus tendre enfance, Robert Schuman n'a jamais pu commencer une journée sans son chapelet, qu'il égrenait chaque jour. Deviendra-t-il un jour Saint-Robert ?
Le prénom Robert provient des mots germaniques hrod et berht qui signifient "gloire" et "brillant".

Robert protecteur et protégé du Très Haut

A 17 ans, il se fit promoteur des pèlerinages luxembourgeois à Lourdes. A l'aube, il méditait, invariablement un passage de la Bible, et chaque fois qu'il le pouvait, il participait à la Messe, toujours en compagnie de Marie, *"notre mère bien-aimée"*, comme il se plaisait à dire.
En 1940, Schuman fut arrêté par la Gestapo pour avoir refusé de collaborer.
En août 1942, il s'échappe et trouve refuge dans le monastère du Ligugé, puis rejoindra la clandestinité allant de communautés religieuses en prieurés jusqu'à la Libération.
A l'Assemblée Nationale, Robert Schuman se fit le défenseur de la foi catholique, et lutta pour le maintien du statut religieux et

scolaire alsacien et lorrain. L'Alsace est encore la seule région où l'Etat n'est pas séparé de l'Eglise.

Lourdes, La Salette, la Chapelle de la Médaille Miraculeuse à Paris étaient ses relais mariaux préférés. La Médaille Miraculeuse de la rue du Bac - cette haute distinction qui récompense les plus fervents serviteurs de l'Europe, a été remise officiellement à Robert Schuman.

La Béatification

En 1988, son ancien secrétaire, fonde à Montigny-lés-Metz, l'Institut Saint-Benoît - Patron de l'Europe, qui a pour mission de promouvoir le rayonnement de la sainteté présumée de Robert Schuman et de faire prier pour sa cause.

Un procès diocésain en béatification à son nom a été ouvert en 1990. En attendant son jugement, il bénéficie depuis 2004 du titre de "Serviteur de Dieu".

Au Vatican, la Commission pour la Cause des Saints est à l'étude, mais celui-ci est en attente d'un miracle officiellement reconnu et authentifié, élément nécessaire pour être sanctifié.

L'enquête devrait s'achever prochainement, dans l'attente du jugement de l'Église.

La canonisation ouvrant droit à un culte universel ne peut être prononcé que si le défunt produit deux miracles.

Le Cardinal Paul Poupard (89 ans), président du Conseil Pontifical pour la Culture au Vatican a déjà fait savoir que **"la création de l'Europe était un miracle"** qui pourrait être pris en compte pour la béatification éventuelle de Robert Schuman.

En d'autres termes, il ne resterait qu'un miracle avéré pour qu'il devienne "Saint-Robert".

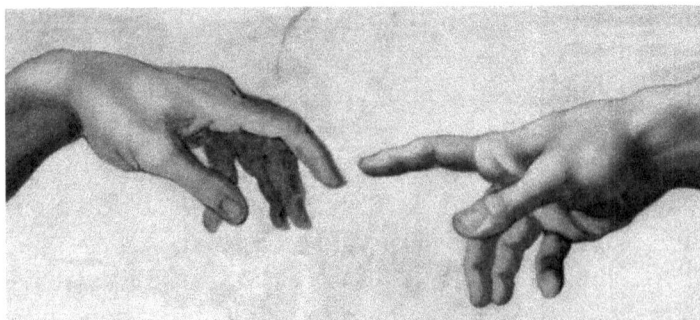

Curieusement, l'étoile de Robert Schuman se trouve juste devant l'étoile du Pape François (François 1er). Ce dernier sera-t-il celui qui aura le privilège de le déclarer Saint ?

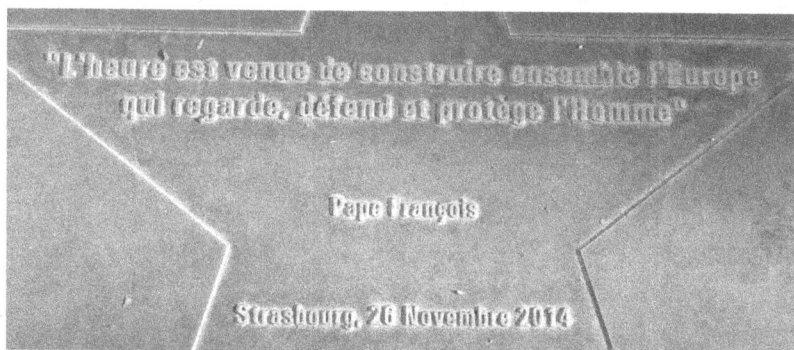

Mais concernant ce Miracle de l'Europe, il est intéressant de constater qu'il existe une ligne de 16 kilomètres, très précise et significative, reliant l'Eglise Saint-Benoît (quartier de Hautepierre) au Pont de l'Europe.

Cette ligne passe sur la Cathédrale de Strasbourg, et très précisément sur le vitrail représentant la Vierge Marie auréolée de la couronne à 12 étoiles sur fond bleu et symbole marial extrait de l'Apocalypse, que le peintre alsacien **Arsène Heitz** venait de proposer comme symbole du Conseil de l'Europe.

Au pied du vitrail de l'Europe de Max Ingrand se trouve cette inscription :

"Au milieu du siècle, afin de mettre un terme à leurs luttes, les peuples d'Europe s'assemblèrent à Strasbourg pour accomplir cette œuvre. Ils firent choix de Jacques-Camille Paris, qui les a bien servis. Donné par l'Europe. Réalisé par Max Ingrand.

Le vitrail fut béni par Monseigneur Weber le 21 octobre 1956, en présence de Pierre Pflimlin, maire de Strasbourg.

Strasbourg : Eglise Saint-Benoît (quartier de Hautepierre)

Je pense pouvoir confirmer par les alignements l'affirmation du Cardinal Poupard.

En effet, la ligne de 5 kilomètres reliant la rue du **Miracle** à l'entrée de la **Cathédrale** de Strasbourg (symbole de l'Eglise) passe bel et bien sur le Parlement Européen, et en particulier sur la cour elliptique.

Mais le fait que le Conseil de l'Europe soit situé au bout de l'Allée de la **Robert**sau dans le quartier de la **Robert**sau, que le Conseil de l'Europe, le Parlement Européen, mais aussi l'Avenue Robert Schuman soient dans ce quartier très connoté "Robert" n'est-il pas déjà un miracle ?

Les habitants de ce quartier sont des **Robert**sauviens !

Le nom de ce quartier et de cette Allée fut donné en 1773, donc bien avant la naissance de Robert Schuman!

Robertsau signifie "Pré-Robert"; c'est une île entre le Rhin et l' Ill qui formait une seigneurie appartenant en 1197 à un certain Ruprecht (Robert) Bock, un seigneur qui eut 20 enfants et dont la famille ne s' éteindra qu'en 1717.

Notons que l'entrée des voitures officielles qui se rendent au Conseil de l'Europe se fait au bout de l'Allée de la **Robert**sau, où commence l'Avenue de l'Europe (baptisée ainsi en 1957).

Auparavant, elle faisait partie de l'Allée de la **Robert**sau, premier alignement d'arbres attesté à Strasbourg.

Son terre-plein central est planté de Sycomores, symboles de la régénération.

Palais de l'Europe.

A Strasbourg, il existe une rue du **Chevalier Robert**, qui peut convenir symboliquement à Robert Schuman, celui-ci étant Chevalier de la Légion d'Honneur.

Il existe également derrière la Clinique Sainte-Anne, une rue du **Miracle**.

L'axe rue du **Miracle** - rue du **Chevalier Robert** nous amène dans le parc du "**Lieu d'Europe**" !

Créé en 2014 dans la Villa Kayserguet (quartier de la **Robert**sau, à l'angle de l'allée Kastner et de la rue Boecklin), le "Lieu d'Europe", est un lieu d'éducation à la citoyenneté européenne qui a pour vocation de faire connaître l'Europe aux citoyens et de renforcer leur sentiment d'appartenance à une communauté de valeurs.

Tout l'historique de la naissance de l'Europe à nos jours est expliqué à travers des photos, des films, des enregistrements sonores etc…

La ligne reliant l'entrée de la **Cathédrale** de Strasbourg (symbole de l'Eglise) à la rue du **Chevalier Robert**, passe sur l'Avenue du Président **Robert Schuman**.

La ligne reliant la rue de la **Toussaint** (évoquant la fête de tous les Saints), à la rue du **Chevalier Robert**, passe comme par miracle sur le **Parlement Européen**.

La ligne reliant la rue de l'**Eglise** à la rue du **Chevalier Robert**, passe aussi sur le **Parlement Européen**.

La ligne reliant la rue du **Miracle** à la Mission Permanente du **Saint-Siège** auprès du Conseil de l'Europe (ambassade du Vatican) située au n°2, rue le Nôtre, passe sur l'Avenue du Président **Robert Schuman**.

La ligne reliant la rue du **Chevalier Robert**, à l'Ambassade du **Vatican** à Strasbourg (n°2, rue le Nôtre) passe sur l'Avenue du Président **Robert Schuman**.

L'entrée de la **Cathédrale** de Strasbourg (symbole de l'Eglise), l'Ambassade du **Vatican**, l'Avenue du Président **Robert Schuman** (extrémité Est) et la rue du **Chevalier Robert** sont strictement alignés.

Pour terminer, je citerais ce dernier alignement qui pourrait sembler totalement farfelu voir "tiré par les cheveux" : il existe à Strasbourg au n°36, rue de la 1ère Armée, le **Salon MIRACLE**, un salon de coiffure.

Que se passe-t-il, si nous traçons une longue ligne de 5 km reliant ce salon à la rue du Miracle ?

Elle passe comme par miracle sur l'Avenue du Président **Robert Schuman** !

Le 25 novembre 2014, jour de la Sainte-Catherine, le Pape François s'est rendu spécialement au Parlement Européen de Strasbourg pour prononcer deux discours en italien. Depuis octobre 1988, aucun Pape n'était venu à Strasbourg.

Créons un axe Ambassade du Vatican (n°2, rue le Nôtre) - rue Sainte-Catherine. Que constatons-nous ? Il passe sur l'Avenue du Président Robert Schuman, et au nord, sur la rue du... Miracle !

Quelles autres signes divins faut-il de plus pour le catapulter "saint" ?

Autre étrangeté concernant le destin de Robert Schuman.

Il est né dans la ville de Luxembourg où sa maison natale existe toujours, à moins de 300 mètres du bâtiment du Secrétariat Général du Parlement Européen qui porte son nom.

La maison se trouve dans le district de kirchberg (montagne de l'église), un nom prédestiné pour un futur saint !

Robert Schuman est inhumé depuis 1966, à 40 mètres de la maison où il vécut à partir de 1926, et où la mort est venue en 1963, lui imprimer le baiser libérateur.

Son corps repose dans l'église Saint-Quentin de Scy-Chazelles près de Metz. L'église est située dans l'ancien village de Chazelles. La maison de Robert Schuman se trouve juste devant une église, et la Maison du Sacré-Cœur.

Tombe de R.Schuman dans l'église fortifiée St-Quentin (XIIème s.)

La tombe de Robert Schuman est devenue un lieu d'adoration eucharistique et le lieu même d'où a été lancé le procès en béatification du père fondateur de la construction européenne.

Devant la tombe de Robert Schuman, au-dessus du Maître Autel, figure une fresque très ancienne représentant une grande étoile étincelante entourée de 19 petites étoiles, entourées d'une couronne de fleurs (auréole ?). Robert Schuman est-il la 20ème étoile ? Que signifie ce message? Des étoiles en cercle font indiscutablement penser au Drapeau de l'Europe.

Cette fresque est un élément fondamental à verser au dossier de béatification de Robert Schuman ; sa présence en ce lieu est tout simplement miraculeuse, car le plus extraordinaire est que cette fresque existait des siècles avant que le Père de l'Europe ne repose à ses pieds, comme le confirme une ancienne carte postale que je me suis procuré.

Cette fresque peut être interprétée comme étant la couronne mortuaire du Père de l'Europe. Cette fresque attendait semble t-il "Saint" Robert" Schuman…

Le 20 octobre 2012 a été dévoilé devant la maison de Robert Schuman à Scy-Chazelles, le monument "Hommage aux Pères fondateurs de l'Europe".

Les quatre principaux Pères de l'Europe sont représentés par des statues grandeur nature sur un disque de 4 m de diamètre orné des 12 étoiles et une carte de l'Europe sur parchemin.

HOMMAGE AUX PÈRES DE L'EUROPE
(2012)

Œuvre de Zurab Tsereteli
Don de la Fédération de Russie au Conseil Général de la Moselle

De gauche à droite :

Alcide de Gasperi (1881-1954)
Président du Conseil italien

Robert Schuman (1886-1963)
Ministre français des Affaires étrangères

Jean Monnet (1888-1979)
Premier Président de la Haute Autorité de la CECA

Konrad Adenauer (1876-1967)
Premier Chancelier de la République fédérale d'Allemagne.

Les quatre fondateurs de l'Europe : Alcide de Gasperi, Robert Schuman Jean Monnet et Konrad Adenauer.

On remarquera au passage que Robert Schuman a vécu et est décédé à Scy-Chazelles (coordonnées géographiques 49°11' Nord - 6°11' Est), soit dans l'alignement précis de sa maison natale du quartier Clausen de Luxembourg, soit 49°36' Nord, 6°08' Est.

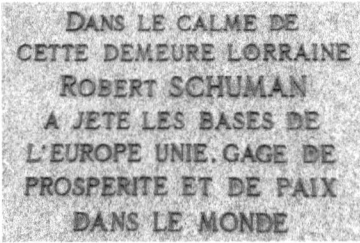

Sur la Place de l'Europe de Scy-Chazelles, devant l'entrée de la maison de Robert Schuman, devenue aujourd'hui un musée où tout est resté figé le jour de sa mort, on trouve dans le pavement le drapeau européen et ses douze étoiles.

Sa Simca Aronde P60 noire des années 50, immatriculée à Paris (558 KA 75) est encore dans son garage.

Pour un futur "saint", son adresse à Scy-Chazelles était vraiment prédestinée : n°10, rue de la Chapelle (aujourd'hui n°10, rue Robert Schuman).

La chapelle en question étant la Chapelle Saint-Quentin où il repose à jamais…

Phénomènes Solaires Artificiels ?

Plusieurs phénomènes solaires artificiels commémoratifs ont-ils été prévus dans l'église Saint-Quentin de Scy-Chazelles, lors du choix de l'emplacement exact de la tombe de Robert Schuman, en 1965 ? Trois possibilités existent et sont à vérifier.

Le 14 avril 2014, Nadine Morano, députée Européenne a déposé une gerbe sur la sépulture de Robert Schuman.

L'ombre portée au sol sur la photo laisse supposer qu'un jour bien déterminé, le disque métallique de sa tombe se trouve comme déposé sur l'ombre de l'autel, tel une hostie…

Etrangement, l'autel a été entièrement refait en 2005. Il est plus haut et dans un style moderne et épuré...

On sait que les rayons solaires touchent au même endroit deux fois par an, jours symétriques par rapport au solstice d'été (21 juin) ou solstice d'hiver (21 décembre).

Par exemple le même point sera illuminé le 7 avril, jour symétrique au 4 septembre, date du décès de Robert Schuman.

Coïncidence : le jeudi 7 avril 2016, a été posée la première pierre du futur centre des congrès de Metz Métropole. Cet équipement qui a ouvert en septembre 2018 porte désormais le nom de Robert Schuman.

Une photographie, montre qu'une fenêtre latérale de l'abside de l'église Saint-Quentin produit un rayon solaire bien délimité d'un angle de 60° à 65° qui illumine obligatoire le disque métallique de sa sépulture, autour du solstice d'été (21 juin), à midi solaire.

Ce peut être le 9 mai (signature de l'acte de naissance de

l'Europe) mais aussi le 16 mai (Fête de l'Europe), ou encore le jour anniversaire de la naissance de Robert Schuman, le 29 juin. Plus religieux, le rayon peut aussi concerner le jour anniversaire de l'apparition de la rue du Bac à Paris (Médaille Miraculeuse), le 27 novembre, à l'origine du drapeau de l'Europe…

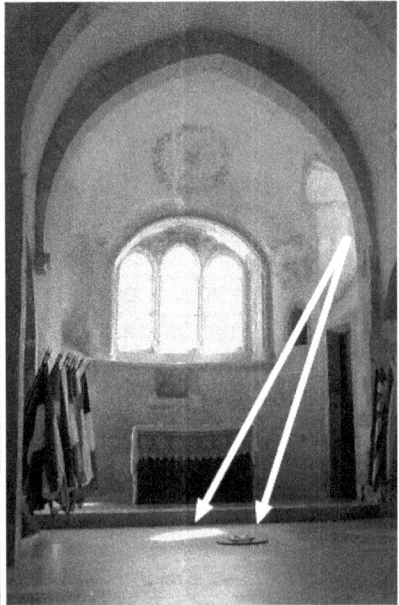

La tache lumineuse révélatrice du phénomène solaire, autour du solstice d'été, provient de la fenêtre Sud.

Option 1 : un rayon latéral illumine le disque au solstice d'été.

Option 2 : le disque "repose" sur l'ombre de l'autel

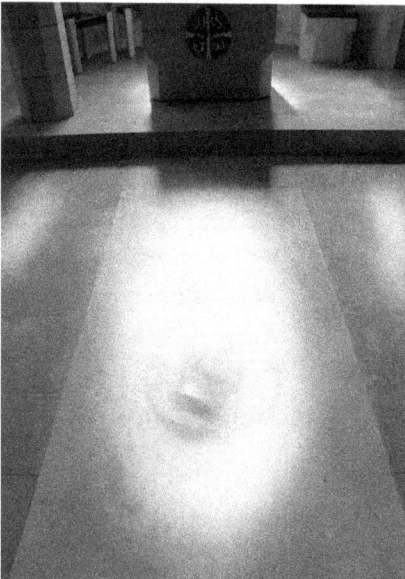

Option 3 : la tombe est illuminée sur toute sa longueur par la fenêtre centrale de l'abside (rayon de 50°

Les trois fenêtre de l'abside et le disque metallique du tombeau

Un petit air de famille...

Dans le parc de la maison de Robert Schuman, à Scy-Chazelles, trône depuis le 15 octobre 1977 (20ème anniversaire du Traité de Rome), une colonne hélicoïdale de Jean-Yves Lechevallier, arborant les **12** étoiles de l'Europe alignées : la "Flamme de l'Europe".

Chaque étoile est lumineuse grâce à des LEDS.

Cette colonne pourrait bien être un gnomon indiquant un jour particulier en rapport avec l'Europe et Robert Schuman (à vérifier).

La "Flamme de l'Europe"

Six années plus tard, en juin 2013, à l'entrée de Kehl (Allemagne), en face de la gare, venant de Strasbourg, fut érigée une colonne hélicoïdale en granit étrangement semblable, de **12** mètres de haut. Son nom : "sculpture transversale" de l'artiste fribourgeois Jochen Kitzbihler. Elle est composée de 24 blocs de granit de 3.3 tonnes.

Kehl: "sculpture transversale"   -   Scy-Chazelles: la Flamme de l'Europe

Etrangement, à Strasbourg, la rue de Saint-Quentin (évoquant le lieu de sépulture du Père de l'Europe), débouche précisément devant l'immeuble du n°24, rue de l'Yser où fut inventé le drapeau européen, par le peintre Arsène Heitz !

La rue de Saint-Quentin fut créée en 1913, ce qui exclut toute manipulation humaine visant à créer cet alignement quasi miraculeux.

Etoiles encore...

Incroyable ! A Paris, il existe une société "**Etoile de l'Europe**" située au n°65, Boulevard de Strasbourg.
Si nous relions cette Sarl au Boulevard de l'**Yser**, nous obtenons une ligne de 5,2 km qui passe sur la **Place de l'Europe**!
La ligne reliant le Boulevard de l'**Yser** à la Salle de Concert "**Les Etoiles**" (n°61, rue du Château d'Eau), passe sur la **Place de l'Europe.**

La ligne reliant le Square **Robert Schuman** à la société "**Etoile de l'Europe**" passe sur la Société **L'Europe** (n°16, rue du Colisée).

On a souvent comparé le Parlement Européen de Strasbourg au Colisée de Rome...

Saint-Robert, fondateur de l'Abbaye de la Chaise-Dieu est fêté le **17 avril**.

Robert est un des 900 saints que l'ordre des bénédictins a donné à l'Eglise.

Etrange coïncidence, ce Saint était bénédictain, autrement dit respectant l'Ordre de Saint-Benoît, le Saint patron de l'Europe.

Le 17 avril 1950, Jean Monnet et ses proches collaborateurs rédigent la première et deuxième version de ce qui deviendra la **Déclaration Schuman** (9 mai 1950), considérée comme le texte fondateur de la construction européenne.

Mais les artisans de l'Europe ne furent pas tous des saints !

Ainsi **Walter Hallstein** (1901-1982), qui fut le premier président de la Commission européenne de 1957 à 1967, avait été un "croyant" dans le IIIème Reich, officier de la Wehrmacht, activiste nazi et chargé d'enseigner le national-socialisme aux soldats pour s'assurer de leur volonté de combattre jusqu'à la mort.

Après 1950, il fut diplomate et homme politique chrétien-démocrate.

Les lignes de "Saint-Robert" dans Paris, révélées par le Parisis Code

Dans les années 50, Robert Schuman vivait à Paris au n°6, rue de Verneuil (7ème arr.), devant le n° 5 bis où Serge Gainsbourg habita et mourut.

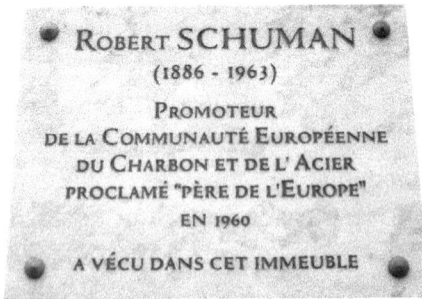

Si nous traçons une ligne de 4,5 kilomètres reliant cette adresse au Square Robert Schuman (au centre duquel se trouve sa statue en bronze), celle-ci passe exactement sur l'Avenue Robert Schuman !

Sur la carte de Paris, on peut constater plus de 22 alignements fabuleux et "miraculeux" concernant Robert Schuman.

C'est à se demander si une Intelligence Supérieure n'utilise pas ce mode d'expression pour s'adresser aux Hommes.

Comment s'y prend-t-elle ? Probablement imprimant sa volonté dans l'esprit de ceux qui sont chargés de baptiser ou rebaptiser les rues.

Des lignes en rapport avec Dieu, l'Europe, le Vatican, l'Eglise, Notre-Dame Saint-Benoît, sa qualité de Bienheureux ou de futur Saint et de Père de l'Europe).

Certaines ciblent la date de sa mort (4 septembre) le lieu où il vivait et où il repose (Metz, la Moselle, Saint-Quentin), d'autres lui offre un Panthéon virtuel ou saluent sa participation à l''Evolution...

La ligne reliant la rue **Lheureux** à l'Ambassade du **Vatican** (Nonciature Apostolique, n°10, Avenue du Président Wilson) passe sur Avenue **Robert Schuman**. Il n'y a pas de mystère !

- Square Robert Schuman - Arc de Triomphe - Place de l'Europe.
- Œil de l'Aigle des Buttes-Chaumont - rue du 4 septembre - Avenue Robert Schuman.

-Square Robert Schuman - Avenue Robert Schuman - rue des Saints-Pères - Notre-Dame de Paris.

Dans le Parisis Code, la rue Dieu est attribuée à Dieu le Père.

- Centre grande Croix du Christ - Nonciature (Ambassade du Vatican) - Avenue Robert Schuman - rue des Saints-Pères - Palais du Luxembourg.
- Œil de de l'Aigle des Buttes-Chaumont - rue de Saint-Quentin - Square Robert Schuman.
- Impasse Robert - Place de l'Europe - Avenue Robert Schuman
- Square Robert Schuman - Rond-Point des Champs Elysées (clef de la célébrité) - rue du 4 septembre.
- Rue Dieu - rue de Metz - rue du 4 septembre - Square Robert Schuman.
- Clef de la Communication (Maison de Radio-France) - Avenue Robert Schuman - Avenue de Strasbourg (extrémité nord).
- Clef de la Communication (Maison de Radio-France) - Avenue Robert Schuman - rue du 4 septembre - rue de la Moselle.

- Passage des Soupirs - rue du 4 septembre - Square Robert Schuman.
- Eglise Saint-Benoît (Issy-les-Moulinaux) - Avenue Robert Schuman - Grand Palais - Place de l'Europe.
- Rue Dieulafoy - Avenue Robert Schuman - Arc de Triomphe.

- Rue Robert Schuman (Charenton) - Grande Galerie de l'Evolution - Panthéon - Avenue Robert Schuman - Nonciature (Ambassade du Vatican).
- Rue Saint-Benoît - Avenue Robert Schuman - Square Robert Schuman.
- Square Robert Schuman - Bar "Au Bienheureux" (n°2, Impasse Berthaud) - Passage Dieu.
- Société "Les Bienheureux" (n°10, Avenue de la Grande Armée) - Avenue Robert Schuman - Observatoire de Paris (Grand Œil).
- Cour de la Grâce de Dieu - rue Dieu - Avenue Robert Schuman.
- Pointe du bec de l'Aigle des Buttes-Chaumont - rue de Saint-Quentin - Place de l'Europe - rue de Chazelles.
A Paris il existait jusqu'en 2004 une Sarl Le **Saint-Robert** dont le siège se trouvait au n°182, rue Saint-Martin.
Sachant que Robert Schuman repose dans l'église **Saint-Quentin**, près de **Metz** (où furent célébrées ses funérailles), n'est-il pas incroyable, pour un futur Saint, que la ligne reliant la rue de Saint-Quentin à Notre-Dame de Paris, passe sur la rue de Metz et la Sarl Le Saint-Robert ?
La ligne reliant la Clef de la **Communication** (Maison de Radio-France) à la rue de **Saint-Quentin**, passe sur l'Avenue **Robert Schuman**, la rue de la Paix et la rue de… **Paradis** !
Cette ligne est "tenue" par la branche est de la Croix Ankh (Boulevard des Italiens).
A Strasbourg, la Mission Permanente du **Saint-Siège** auprès du Conseil de l'Europe (Ambassade du Vatican) est située au n°2, rue le Nôtre…

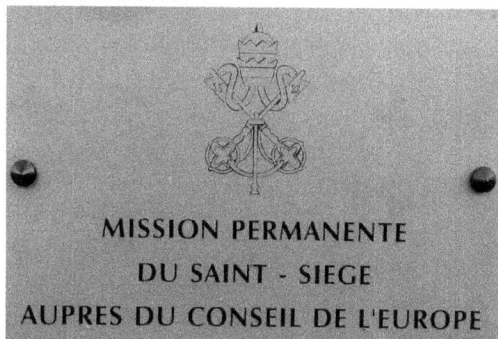

Etrangement, à Paris, si nous créons une ligne Place de l'Europe - rue le Nôtre, celle-ci passe sur l'Ambassade du Vatican (Nonciature) située au n°10, Avenue du Président Wilson.

Le 30 novembre 2016 a été dévoilée la plaque commémorative **n°234** dans l'hémicycle de l'Assemblée Nationale en hommage à Robert Schuman.

Aussi incroyable que cela paraisse, un alignement parlant existe à ce sujet dans Paris !

La ligne reliant le Square **Robert Schuman** à l'Atelier **234** (n°234, rue du Faubourg Saint-Antoine) passe sur l'**Assemblée Nationale.**

La ligne reliant l'Avenue **Robert Schuman** à l'Atelier **234** passe sur la Place du Palais Bourbon, devant l'**Assemblée Nationale.**

Robert Schumann était député de la Moselle...

La ligne de 8 km reliant la Clef de la Communication (Maison de Radio-France) à la rue de la Moselle, passe sur... l'Avenue **Robert Schuman**.

La Maison de l'Europe de Paris (n°29, Avenue de Villiers) est une association qui informe sur la citoyenneté européenne.

Elle fait partie de la Fédération française des maisons de l'Europe.

La Présidente de la Maison de l'**Europe** de la "Ville **Lumière**" s'appelle Catherine... **Lalumière** ; cela ne s'invente pas !

Etrange coïncidence, le 16 mai est la "Journée de la **Lumière**" (créée par l'UNESCO), mais c'est aussi la... Fête de l'**Europe.**

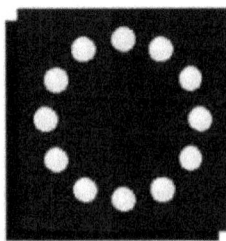

Maison de l'Europe de Paris

Centre européen
Robert Schuman

Maison de l'Europe
Scy-Chazelles

Il existe une Maison de l'Europe à Scy Chazelles (Centre européen Robert Schuman).

Car c'est dans le silence de Scy-Chazelles qu'un dimanche de mai 1950, Robert Schuman a fait le choix politique dont est sortie la construction de l'Europe.

Dès le lendemain, revenu à Paris, il sut convaincre le gouvernement auquel il appartenait.

La France quelques jours après sut convaincre l'Europe.

Signature de Robert Schuman

A Paris, la ligne reliant la Maison de l'Europe au Square Robert Schuman, passe miraculeusement sur la rue de Chazelles.

Rappelons en passant que c'est dans cette rue que fut construite la Statue de la Liberté de New-York, de 1878 à 1884...

Les 300 feuilles de cuivre furent martelées et assemblée ici pour réaliser la statue monumentale "La Liberté éclairant le monde" d'Auguste Bartholdi.

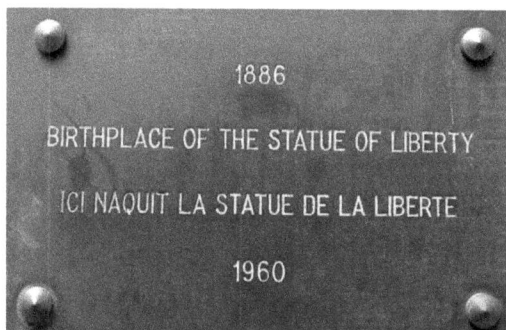

Retour à Strasbourg...

A Strasbourg, il existe une rue Schumann (avec deux "n").
Elle concerne le célèbre compositeur Robert Schumann (1810-1856).
L'axe formé par cette rue et l'Avenue du Président Robert Schuman mène sur le Parlement Européen !
Etrange coïncidence, la rue Schumann débouche sur le **Cercle Européen**, au n°1, rue Massenet, où chaque semaine se réunissent des fonctionnaires européens, diplomates et parlementaires.

L'étoile est l'un des éléments les plus importants de l'Europe.
A Strasbourg la Place de l'Etoile crée en 1937, est la plus grande de la ville.
Curieusement, cette date coïncide avec la sortie du célèbre film de William A. Wellman "Une Etoile est née"...
Il existe aussi l'Impasse de l'Etoile. La ligne reliant cette rue à la rue du Miracle, passe sur l'Avenue du Président R. Schuman.
Un nouvel élément à verser en faveur de la béatification de Robert Schuman ?

Statue de Robert Schuman du Square Robert Schuman à Paris

Le livre "**Pour l'Europe**" est le seul ouvrage publié de Robert Schuman.

Jean Monnet (1888-1979), autre "Père de l'Europe" possède une rue dans Strasbourg. Pour accéder au Pont de l'Europe qui amène en Allemagne, on est obligé de croiser cette rue.

L'axe rue Jean Monnet - Avenue du Président Robert Schuman amène sur l'entrée du Conseil de l'Europe et dans la cour elliptique du Parlement Européen. Cet axe traverse l'Avenue du Pont de l'Europe et l'Avenue de l'Europe.
Tout est soigneusement calculé au centimètre près pour créer un alignement symbolique. Alignements qui semblent être une véritable obsession.
Konrad Adenauer (1876-1967) le restaurateur de l'Allemagne est également l'un des pères fondateur de l'Europe.

L'axe formé par le Pont Konrad Adenauer et la rue Jean Monet amène sur le Pont de l'Europe.

L'axe Pont Konrad Adenauer - Avenue de l'Europe mène à l'entrée du Palais du Conseil de l'Europe et sur la Cour Européenne des Droits de l'Homme.

Au 6ème siècle, Benoît de Nursie (Saint-Benoît) fonda une abbaye prestigieuse sur le Mont Cassin (entre Naples et Rome) où il édicta pour ses moines une règle dite *"bénédictine"* combinant prière, travail et tempérance. Il fut proclamé "Père de l'Europe" en 1958…

René Cassin (1887-1976), est l'un des auteurs de la Déclaration Universelle des Droits de l'Homme en 1948.

Il fut Président de la Cour Européenne des Droits de l'Homme de 1965 à 1968.

N'est-il pas étrange, voir miraculeux, que ce personnage si important pour l'Europe porte le nom de **Cassin**, le même que le mont italien Mont Cassin (Monte Cassino), altitude de 516 m, sur lequel Saint-Benoît, le Patron de l'Europe fonda son abbaye en l'an 530 ?L'abbaye du Mont Cassin fut entièrement anéantie en 1944 par des centaines de bombardiers nazis…

Konrad Adenauer   *René Cassin*   *Jean Monnet*

Le Conseil de l'Europe a été fondé le 5 mai 1949 par le Traité de Londres… A Strasbourg, la rue de Londres, la rue Beethoven (auteur de l'hymne européen) et le Palais de l'Europe sont alignés.

Clin d'œil : à Bonn (Allemagne) la mère du compositeur Beethoven et Robert Schumann sont inhumés dans le même cimetière.

3 - Le Secret de la Ligne Rouge

Dès l'entrée principale du Parlement Européen, on remarque une "luxueuse" ligne rouge en pierre semi-précieuse (porphyre ?) incrustée dans le sol. Celle-ci prend naissance à l'intérieur du poste de contrôle de l'enceinte, descend une marche puis se dirige vers le portail d'entrée intérieure **sans respecter la symétrie et sans être rectiligne.**

La ligne rouge descend une marche et se dirige vers une boule…

La ligne en porphyre rouge (détail)

Elle passe à côté de la sculpture "L'Europe à cœur" de Ludmila Tcherina, symbole de l'Union Européenne.

La ligne traverse les obstacles sans les contourner, passant ensuite entre chaque mat soutenant les drapeaux des différents pays de l'Union Européenne.

La ligne rouge traverse complètement la cour en passant par le globe de verre et pénètre dans l'édifice par la porte Louise Weiss.

Elle continue ensuite dans la partie du bâtiment interdite au public et rejoint la passerelle qui enjambe l'Ill.

On la retrouve ainsi incrustée dans le sol, mais pas au milieu, toujours aussi rouge et rebelle, sans contourner les obstacles.

Puis elle traverse l'Avenue du Président Robert Shuman, les Bâtiments Wilson Churchill et Pierre Pfimlin.

Est-elle encore matérialisée au sol dans ces édifices ? Mystère…

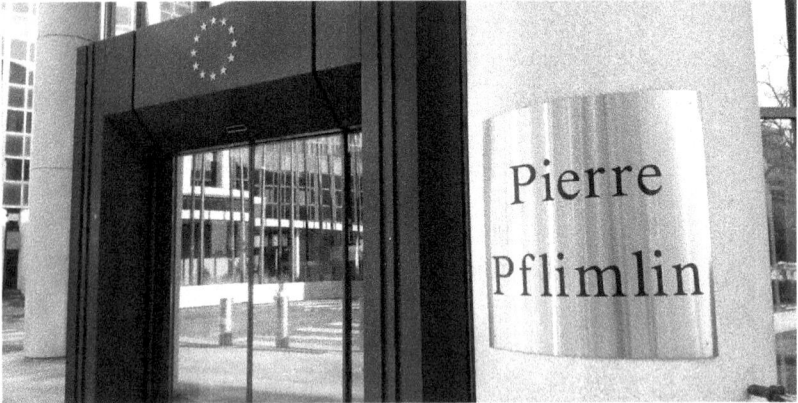

Et où nous mène-t-elle ? Car vous ne trouverez nulle part le mode d'emploi de cette ligne qui visiblement n'est pas faite pour le commun des mortels, mais pour quelques mystérieux initiés.

D'après la carte de Strasbourg, l'axe de la ligne rouge nous amène sur l'alignement des drapeaux des états membres de l'Union Européenne, devant le Conseil de l'Europe.

Si nous prolongeons cette ligne virtuelle sur 1,2 km vers le sud, nous avons la surprise de découvrir qu'elle va chercher la Promenade du Luxembourg et la rue de Bruxelles. Pourquoi ?

Le Parlement Européen est basé à Bruxelles, Strasbourg et Luxembourg… Robert Schuman, l'un des pères de l'Europe est né à Luxembourg.

Comble du raffinement, cet axe coupe la rue de l'Yser où fut imaginé par Arsène Heitz, le drapeau européen !

Alignement des drapeaux du Conseil de l'Europe

Alignement des drapeaux du Parlement Européen

En résumé, le grand secret de la ligne rouge consiste en une ligne symbolique d'environ 1,777 km reliant l'entrée du Parlement Européen à l'intersection rue de Bruxelles - Promenade du Luxembourg sur laquelle sont alignés tous les drapeaux du Parlement Européen et du Conseil de l'Europe.

L'**hymne européen,** l'Ode à la joie de **Beethoven** (1823), dernier mouvement de la neuvième symphonie, issue d'un poème de Friedrich Von **Schiller**, est utilisé par le Conseil de l'Europe depuis 1972, et par l'Union européenne depuis 1986.
Il suffit d'écouter les paroles de cet Ode pour comprendre que son message est résolument chrétien : " Frères, au plus haut des cieux / Doit habiter un père aimé. / Tous les êtres se prosternent ? / Pressens-tu le créateur, Monde ?".
A Strasbourg, la rue Schiller, la rue Beethoven et le n°24, rue de l'Yser (création du drapeau de l'Europe) sont alignés !
Si le drapeau et l'hymne européens portent l'empreinte de l'héritage judéo-chrétien de l'Europe, le panthéon officiel de l'Union européenne compte un " Père de l'Europe" et peut-être

un jour prochain, un "Saint-Père de l'Europe : le Bienheureux Robert Schuman.

Pierre Pflimlin

A Strasbourg, la ligne reliant le dôme du Palais de l'Europe à la rue Beethoven, passe sur la statue de Pierre Pflimlin. Cet axe, au nord, croise le Boulevard Pierre Pflimlin.

On remarquera qu'un point du Parlement Européen et un point du Conseil de l'Europe forment un axe qui rejoint la rue Beethoven.

Tout cela me fait penser à cette fameuse phrase Franc-maçonne : *Nous dirigeons, nous faisons, nous vous le disons, nous vous le montrons... et vous ne le voyez, ni ne l'entendez pas. Et c'est notre force, notre pouvoir sur vous.*

Pierre Pflimlin fut le premier Maire catholique de Strasbourg pendant 24 ans (1959-1983) président de l'Assemblée consultative du Conseil de l'Europe de 1963 à 1966 et Président du Parlement européen de 1984 à 1987. Il est mort à Strasbourg à l'âge de 93 ans.

Une statue à l'emplacement soigneusement choisi...

La statue en bronze (2.15m de hauteur) de Pierre Pflimlin (1907-2000) réalisée par Thierry Delorme, à l'Orangerie (devant le Conseil de l'Europe), fut inaugurée le 9/7/2007 à l'occasion du centième anniversaire de sa naissance, exactement dans l'axe de symétrie du bâtiment Pierre Pflimlin (IPE3) du Conseil de l'Europe, inauguré le même jour.

La statue de Pierre Pflimlin à l'Orangerie.

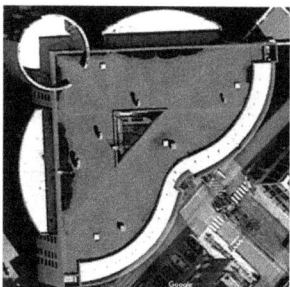

Bâtiment Pierre Pflimlin (IPE3)

Pierre Pflimlin est inhumé au cimetière Saint-Gal (Montagne Verte, à Köenigshoffen).

La ligne reliant sa tombe à sa statue passe sur la rue Sainte-Odile, patronne de l'Alsace. Son épouse se prénommait Marie-Odile.

La ligne reliant sa statue à l'extrémité nord du Boulevard Pierre Pflimlin passe sur le dôme du Parlement européen, l'hémicycle où se réunissent les parlementaires.

Dans une belle villa située au n°1, rue Massenet, (Rotary Club de Strasbourg), se réunit depuis 1962 le **Cercle européen**, une association créée par Marie-Odile Pflimlin, épouse de Pierre Pflimlin afin d'entretenir le lien entre la société civile locale et l'ensemble des fonctionnaires européens, diplomates et parlementaires présents dans la ville.

Ses 220 membres sont conviés, une fois par mois, à un prestigieux dîner-débat…

L'axe formé par cette adresse et la statue de Pierre Pflimlin atteint le Boulevard Pierre Pflimlin.

Depuis 1982, Pierre Pflimlin fut Citoyen d'honneur de Stuttgart, ville jumelée avec Strasbourg. A Stuttgart, une petite place proche du centre-ville porte son nom.

L'axe formé par la rue de Stuttgart et la statue de Pierre Pflimlin atteint le Boulevard Pierre Pflimlin.

En tant que Premier Maire catholique de Strasbourg, il bénéficie de cet alignement :

La Mairie de Strasbourg, le centre de la Place de la République, l'entrée du Parlement Européen et le Boulevard Pierre Pflimlin sont alignés.

En tant que Premier Ministre du Général de Gaulle, il bénéficie de cet alignement: Avenue du Général de Gaulle - Avenue de l'Europe - Statue de Pierre Pflimlin - Boulevard Pierre Pflimlin.

Incroyable mais vrai, un pont sur le Rhin lui était prédestiné !

Le pont Pierre Pflimlin ; un viaduc de 956 m reliant la France à l'Allemagne situé à 11,5 km au sud de Strasbourg a commencé à être construit le 11 février 2000 (pose de la première pierre), 136 jours avant sa mort (27 juin 2000).

Il fut ouvert en octobre 2002. Comme par hasard, il se trouve à 100% dans l'alignement sud de la statue de Pierre Pflimlin (dans le Parc de l'Orangerie) et du Palais du Conseil de l'Europe qu'il présida et dont il fut le premier Président de 1963 à 1966 !

Le pont Pierre Pflimlin

3 - L'Europe à Cœur

Le dimanche 22 septembre 2013, jour de l'automne, le Rayon Vert devait éclairer le Christ en croix sur la chaire de la Cathédrale Notre-Dame de Strasbourg à 12 h 24 précise…

Un rendez-vous annuel attendu par des centaines de curieux.

Ce jour-ci, je sortais du Parlement Européen et je me trouvais face à la sculpture en bronze *Europe à cœur*, œuvre de la peintre, sculptrice, comédienne et danseuse étoile Ludmila Tcherina (1924-2004), placée judicieusement (on verra pourquoi…) place Louise-Weiss, au pied des mâts soutenant les drapeaux de tous les états membres.

C'est en 1991, que cette artiste aux multiples talents surnommée *"la plus jeune étoile de l'histoire de la danse"*, a conçu et réalisé cette sculpture monumentale, officiellement choisie par la Communauté européenne pour symboliser l'Europe unie.

J'ai eu plusieurs fois l'occasion d'admirer cette sculpture dont j'avais vu une version en résine blanche pour la première fois dans le pavillon européen de l'Exposition Universelle de Séville en 1992 (Séville'92).

A l'époque, il était question de la placer devant le Parlement Européen.

Je l'avais revue le 1er juillet 2013, sur la tombe de Ludmila Tchérina, au cimetière de Montmartre, où elle figure en modèle réduit.

Comme il l'a été démontré précédemment, le drapeau européen avec ses 12 étoiles trouve son origine dans le culte marial et figure au-dessus de la couronne de la Vierge dans le vitrail de l'abside de la Cathédrale de Strasbourg.

En observant plus attentivement la sculpture Europe à Cœur, j'ai eu comme un déclic !

Bon Dieu, mais c'est bien sûr, la partie supérieure de cette sculpture représente bel et bien une mère enlaçant son enfant... Marie et Jésus !

Pour confirmation, en se plaçant bien au pied et derrière la sculpture, on voit une auréole commune bien visible au-dessus de la mère et de l'enfant !

Cette auréole est formée par les bras des deux personnages qui n'en font qu'un.

Bref, en entrant au Parlement Européen de Strasbourg, on est bel et bien accueilli en premier par l'Immaculée conception !

Bien entendu, l'explication officielle sur le socle est toute autre. L'artiste aurait voulu représenter deux adultes qui s'enlacent dans un geste d'Amour...

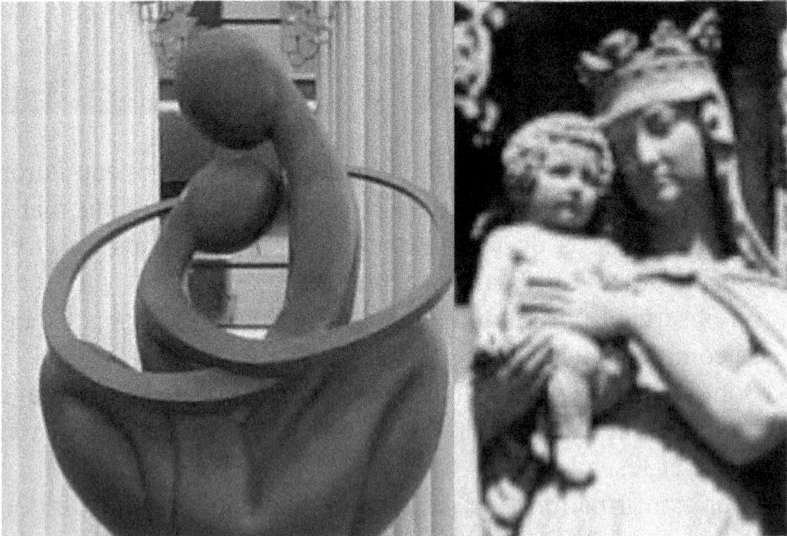

A droite la Vierge de l'entrée de la Cathédrale de Strasbourg

Je m'excuse, mais cette position ne me semble pas du tout correspondre à cette description ! Ne soyons pas dupe !
A la rigueur, une double lecture de l'œuvre est possible…
Synchronicité : Ludmila Tcherina est morte le 21 mars 2004… jour où apparaît pour la première fois de l'année le rayon vert de la Cathédrale Notre-Dame de Strasbourg.

Le Miracle de la rue du Bac (Paris), le 27 novembre 1830

Le 27 novembre 1830, jour de la Saint-Séverin, la Sainte-Vierge revint lors de la méditation du soir.

Elle se tenait debout sur un globe, piétinant un serpent et portant des anneaux de différentes couleurs d'où jaillissaient des rayons de lumière sur le globe.

C'est à cette occasion qu'elle demanda de graver la fameuse Médaille Miraculeuse, donnant tous les détails pour l'exécuter.

Avec cette inscription : *Ô Marie conçue sans péché, priez pour nous qui avons recours à vous -1830.*

Cet épisode primordial est inscrit de la façon la plus spectaculaire possible dans le Parisis Code, grâce à la ligne de 6,66 km joignant l'Eglise de l'Apparition de la Sainte-Vierge (n°87, Bld Exelmans) à la Cathédrale N-D de Paris.

Cette droite traverse la Chapelle de la Médaille Miraculeuse (n°140, rue du Bac) et, pour dater cet évènement, passe sur l'extrémité de la rue Saint-Séverin (saint, fêté le 27 novembre).

L'Œil de l'Aigle des Buttes-Chaumont qui regarde l'Eglise Notre-Dame de la Médaille Miraculeuse (de Malakoff) traverse comme par miracle l'Eglise Saint-Séverin, confirmant ainsi la date de l'Apparition.

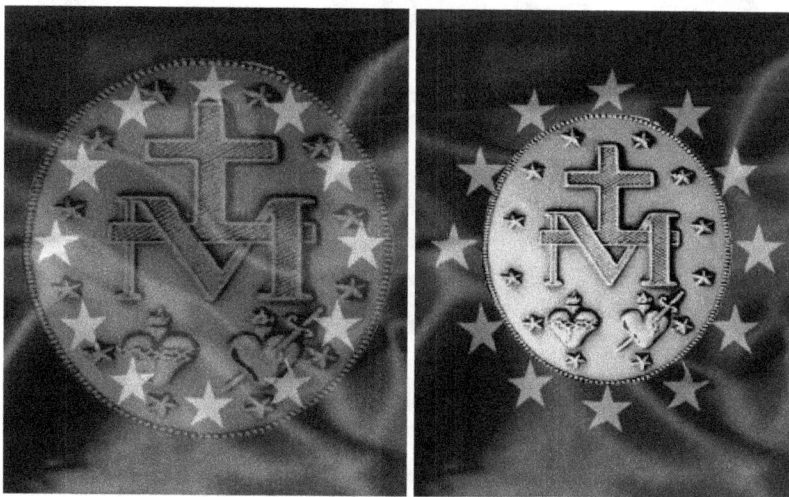

La médaille miraculeuse est à l'origine du Drapeau de l'Europe

Le "Rhin béni"

En 2015, à Strasbourg, parallèle au Pont de l'Europe, fut construit un nouveau pont sur le Rhin baptisé **Pont Beatus-Rhenanus**, reliant la France à l'Allemagne.

Assemblé en deux parties sur les rives du Rhin, les éléments furent amenés à l'endroit prévu grâce à des barges spéciales.

Etrangement, la pose fut plusieurs fois reportée à cause du courant du fleuve jugé trop important.

Enfin, la première moitié du nouveau pont, fut posée vers 13h45mn le **8 décembre 2015, jour de l'Immaculée Conception**, date anniversaire de l'adoption du drapeau de l'Europe. Coïncidence ?

Le deuxième élément fut raccordé 10 jours plus tard, le 18.

Il faisait sombre ce jour là, mais à la minute même ou les deux parties furent réunies à 100%, le soleil illumina le pont Beatus-Rhenanus (Rhin béni) !

Le soleil illumine le pont le 18 décembre…

Construction du Pont le 4 juin 2015

Jumelages

Strasbourg est jumelée avec les villes allemandes de Dresde (1990) et de Stuttgart (1962), la ville anglaise de Leicester (1960) et la ville de Boston, aux USA (1960).

Si l'on trace une ligne reliant les rues de Stuttgart et de Boston au Boulevard de Dresde, celle-ci passe sur l'entrée du Parlement Européen.

On remarquera que les rues de Stuttgart, Boston et Leicester se trouve sur un axe qui passe sur le siège de l'Euro-métropole et la mairie (CUS), Place de l'Etoile.

5 - La Boule à Facettes du Parlement Européen

Un phénomène solaire artificiel que je fus longtemps l'un des seuls à connaître, et à contempler ne se produit qu'une seule fois dans l'année, si le temps le permet, dans la cour intérieure du Parlement Européen de Strasbourg.

Les architectes qui ont conçu cet édifice inauguré en 1999, n'ont pas négligé cette vieille coutume séculaire ; ils ont concocté dans le plus grand secret, un immense rayon très original !

Dans la place de matrice baroque située au sein même de la tour, a été aménagée sur la façade, une ligne elliptique de 50 mètres de long, au-delà de laquelle le revêtement est brillant, de couleur différente et incrusté de millions de minuscules billes d'acier afin de produire un effet miroir.

Le 21 décembre, jour du solstice d'hiver, à midi solaire, le soleil vient frapper la partie brillante et les fenêtres qui se reflètent alors sur la façade opposée, en inventant, comme dans les chambres des pharaons, d'étonnants jeux cosmologiques.

Des taches de lumière de formes et de grandeurs différentes se forment, créant un effet proche de celui émis par les boules à facettes.

Des visiteurs, ainsi que le personnel, qui pénètrent dans la cour à ce moment précis peuvent très bien ne pas remarquer le phénomène. A noter que ce phénomène solaire symbole de naissance, intervient la même semaine et à 4 jours de Noël, la plus importante fête chrétienne, célébrant la venue au monde du Christ. D'ailleurs, je n'ai pas vérifié si le phénomène était encore actif le jour de Noël, ce qui est parfaitement possible.

De toute façon, tout cela est inavouable, à l'image des 12 étoiles "mariales"du drapeau européen.

21 DECEMBRE   Quelques minutes avant la façade opposée est dans l'ombre.

21 DECEMBRE

A midi le jeu de lumière commence...

En fait, c'est ce passage rapide des « ténèbres » à la lumière qui fait toute la différence.

Ce lieu est ouvert au public et conçu comme tel, pour voir la lumière filtrer et… jouer *(Source «Architecture Studio»)*.

Un livre luxueux a été édité lors de l'inauguration de l'édifice.

Le phénomène est évoqué de façon laconique avec une grossière erreur. On parle d'équinoxe d'hiver au lieu du solstice, et il est impossible de comprendre en quoi consiste le processus qui génère le jeu de lumière.

Il y a une volonté manifeste de « montrer sans montrer » et de cacher sans cacher » à la façon des Francs-maçons.

Rappelons que la Fête de l'Europe (le 16 mai) est aussi la Journée de la Lumière (instituée par l'Unesco)…

A midi solaire, le 21 décembre, la partie supérieure de la façade exposée au soleil scintille...

J'ai eu la chance de pouvoir discuter au téléphone avec **René-Henri Arnauld**, l'architecte en chef d'Architecture Studio de Paris, le cabinet d'architecture qui réalisa le Parlement Européen.

C'est lui-même qui m'expliqua tout naturellement et en toute franchise en quoi consistait précisément le système de rayon solaire mis en place au Parlement Européen.

Ce système ne correspondait d'ailleurs en rien avec celui qui était prévu à l'origine et révélé dans les Dernières Nouvelles d'Alsace.

Mes nombreuses investigations dans la cour de l'édifice ne m'avaient pas permis de le découvrir par moi-même.

Je pensais à tort que le phénomène touchait le sol ou les colonnes...

L'architecte me révéla également le jour et l'heure du phénomène. Quand je lui demandai pourquoi il l'avait créé, il me répondit tout simplement que dans ce genre d'édifice prestigieux, les architectes aimaient créer une sorte de lien symbolique avec le Cosmos...

Le phénomène a eu lieu pour la première fois le 21 décembre 1999, soit 7 jours après l'inauguration officielle de l'édifice par Jacques Chirac et Nicole Fontaine.

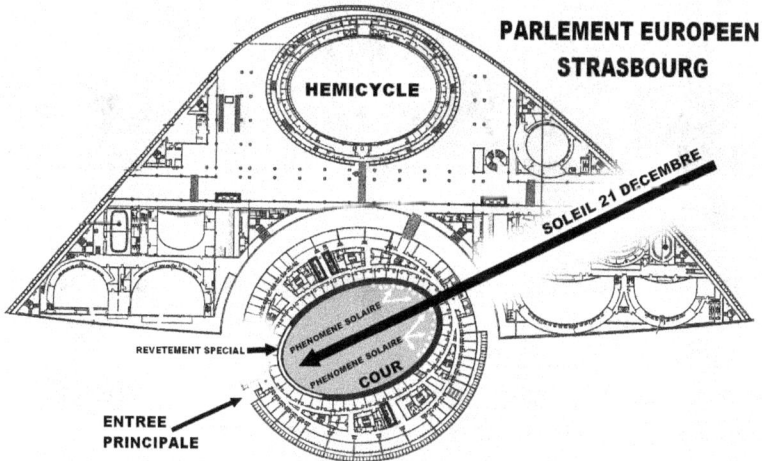

En tout cas, il est frappant de constater que ce genre de geste symbolique dont le coût peut être très important, ne doit pas être divulgué au peuple.

Il est destiné à ceux qui veulent éventuellement savoir...

Le plus étrange est qu'apparemment les architectes qui ont travaillé à ce projet du Parlement Européen n'étaient pas tous au courant de l'existence de ce système.

En effet, je devais tourner une séquence pour la télévision avec FR3 Alsace afin de présenter le phénomène.

Pour l'occasion, le journaliste Roland Dinkel avait invité l'un des architectes d'Architecture Studio.

Incroyable mais vrai, celui-ci avoua ne pas connaître l'existence de ce système.

Au dernier moment le tournage fut abandonné pour cause de mauvais temps. Les nuages empêchaient le soleil de percer…

Il n'y eu plus jamais de tentatives pour filmer le phénomène.

Il faut dire que le temps est souvent nuageux le 21 décembre.

Ce spectacle unique se mérite, car la cour du Parlement Européen est particulièrement glaciale et pleine de courant d'air en cette période de l'année !

Reconstitution du phénomène: la "Boule à facettes" et René-Henri Arnauld, architecte du Parlement Européen de Strasbourg

Avant de bâtir le Parlement Européen, Architecture Studio venait de construire l'Eglise Notre-Dame de l'Arche d'Alliance, à Paris (15ème arrondissement).

Suite aux attentats et la mise en place du plan Vigipirate, il n'est plus possible de pénétrer dans la cour intérieure.

Le phénomène solaire restera encore pour longtemps invisible du public. En 2017 et 2018 le phénomène n'a pas pu fonctionner en raison de la couverture nuageuse.

Il est amusant de constater que notre Président Emmanuel Macron possède sans le savoir, depuis le jour de ses 22 ans, un phénomène solaire artificiel créé en 1999 au sein du Parlement européen. Emmanuel Macron était à l'ENA de Strasbourg en 2002 et 2003.

En effet il est né un 21 décembre (1977) ! De plus, ce jour est aussi la Journée internationale de… l'Orgasme (créée en 2006) !

Amusant : Fernande Grudet, plus connue sous le nom de Madame Claude était l'une des proxénètes les plus connues de France. Elle s'est éteinte à Nice à l'âge de 92 ans, le lundi 21 décembre 2015, date de la Journée internationale de l'Orgasme ! Un signe qui ne trompe pas !

Photo Jacques Witt /SIPA/SIPA

6 - ATTENTAT SUR LE MARCHE DE NOËL DE STRASBOURG - 11 décembre 2018 -

Le marché de Noël de Strasbourg (appelé Christkindelsmärik), qui se tient de nos jours du 23 novembre au 30 décembre, existe depuis 1570. C'est le plus ancien marché de Noël d'Alsace et l'un des plus grands d'Europe.

C'est pourquoi Strasbourg est devenue la Capitale de Noël avec ses différents marchés, ses manifestations traditionnelles... Il se compose de 300 chalets disséminés sur 11 sites.

Les marchés de Noël sont malheureusement devenus de manière générale, les principales cibles de Daesh.

Depuis plusieurs années, des campagnes de l'Etat islamique appellent à des attaques en loups solitaires pendant les fêtes de Noël.

Un attentat au moyen de bombes, visant le marché de Noël au pied de la Cathédrale de Strasbourg, qui était planifié par un groupe salafiste, fut déjoué durant l'hiver 2000 par les polices françaises et allemandes.

Depuis cette date, l'ombre de la menace terroriste planait sur la ville...

Le 11 décembre 2018, à 19 h 50, un attentat islamiste a été perpétré au marché de Noël de Strasbourg, tout d'abord à partir du n°10 de la rue des Orfèvres, devant la boutique du caviste Wolfberger, puis rue des Grandes-Arcades (1 mort).

Le périple du tueur a continué au n°4, rue du Saumon (un homme de 61 ans abattu devant le restaurant La Stub), rue Sainte-Hélène (deux mort devant le bar-concert "Les Savons d'Hélène") et rue du Pont Saint-Martin (un touriste d'origine thaïlandaise de 45 ans, Anupong Suebsamarn).

A noter cette étrange constatation, probablement indépendante de la volonté du tueur : sa première victime a été exécutée rue des Orfèvres exactement dans l'alignement Est de son adresse personnelle, rue Tite Live !

Le tireur qui criait "Allahu akbar", a été rapidement identifié comme étant un certain Chérif Chekatt, un "français" d'origine algérienne de 29 ans né en février 1989 à Strasbourg.

Il était muni d'un couteau et d'un vieux révolver de collection 8mm datant de 1892. Il prétendait vouloir venger ses frères, morts en Syrie…

Après avoir agressé une douzaine de personnes, il réussit à s'échapper et disparaître pendant 2 jours, à l'issue desquels il fut abattu par des rafales de pistolet-mitrailleur d'une patrouille de police (îlotiers) dans le quartier de Neudorf, au n°74, rue du Lazaret, alors qu'il tentait de pénétrer dans un immeuble.

Il était emmitouflé dans une parka noire avec une capuche à fourrure beige.

En deux jours, 280 enquêteurs l'avaient traqué, et ont méthodiquement resserré l'étau autour de lui, jusqu'à l'ultime confrontation.

Le bilan fut terrible : 5 morts, 11 blessés dont trois en urgence absolue.

De manière opportuniste, quelques minutes après le décès du meurtrier, l'Etat islamique revendiqua l'attentat.

Ni drapeau, ni allégeance à l'état islamique n'ont été retrouvés à son domicile, par contre on a constaté qu'il avait recopié des sourates guerrières du Coran sur un cahier et téléchargé l'application Télégram, peu de temps avant son passage à l'acte.

Ses cibles ayant été visées à la nuque ou à la tête, prouve qu'il était déterminé à tuer.

La Grande Mosquée de Strasbourg a fermement condamné "l'acte infâme, lâche et barbare" et a présenté ses sincères condoléances aux familles des victimes.

Le franco-algérien Chérif Chekkat, auteur de l'attentat au marché de Noël de Strasbourg était un multirécidiviste : 67 antécédents judiciaires en France, Allemagne et Suisse, et 27 condamnations depuis l'âge de 10 ans).

Il venait de purger une peine de deux ans de prison, en 2013. Cet individu, fiché S depuis 2016 pour radicalisation islamiste, avait effectué de nombreux braquages en France et en Allemagne.

Une perquisition avait eu lieu le matin même de l'attentat à son domicile du n°20, rue Tite Live (quartier des Poteries).

Un pistolet (22 long rifle, 4 poignards et des grenades avaient été découverts chez lui…

Dès 2008, Cherif Chekatt, avait accroché dans sa cellule une affiche de Ben Laden lors de l'un de ses nombreux séjours en prison…

Chekkat est un mot ouzbec qui signifie "effleurement". Cherif signifie "prince" dans plusieurs pays d'Islam…

Blessé au bras par un échange de tirs avec les militaires, Chérif Chekatt était resté dans le quartier de Neudorf, pouvant profiter notamment de nombreux entrepôts de la zone d'aménagement de la SNCF de la "Plaine des Bouchers" toute proche, emmitouflé dans une parka.

Le 13 décembre 2018, jour de la Sainte-Lucie, le fugitif sort finalement de son abri sans que l'on sache pourquoi. Toujours blessé et déambulant dans la rue, il fut reconnu par une passante grâce au signalement diffusé par la police.

Un hélicoptère muni d'un puissant projecteur commença alors à tournoyer au-dessus de l'Avenu de Colmar (Neudorf)…

L'homme est finalement repéré vers 21h00 par un équipage de trois policiers (deux hommes et une femme), qui aperçoivent un individu correspondant au signalement de Chérif Chekatt, dans le renfoncement du n°74 de la rue du Lazaret.

Ils l'interpellent, et au moment de l'arrêter, Chérif Chekatt se retourne tout-à-coup et tire immédiatement sur la voiture des policiers qui ripostent alors et l'abattent, mettant fin à 48 heures de cavale. 37 balles ont été tirées !

Le "Fils du Puissant Guerrier"

Chérif Chekatt s'écroule mortellement blessé à 21h05 devant la porte du n°74, rue du Lazaret, immeuble qui fait partie de la Brasserie Madison, au coin de l'Avenue de Colmar (n°133).

Ce restaurant ouvert il y a moins d'un an, possède un nom qui, comme on va pouvoir le constater, a une certaine importance.

Sachant que le terroriste se considérait comme un "guerrier de Daesh", ce dernier détail qui semble de premier abord anodin révèle une symbolique plutôt glaçante qui prouve que certains évènements sont le fruit d'un savant guidage dont l'homme ne peut être à l'origine.

En effet, si nous recherchons l'étymologie du nom Madison, on découvre que ce prénom d'origine germanique était auparavant utilisé comme patronyme qui signifiait "Fils du Puissant Guerrier". En arabe : abd yaeni al'aqwia' almuharib.

Les Madison sont célébrées à la Toussaint (fête de tous les saints), le 1er novembre, veille de la fête des Morts.

Au total, 12 impacts de balles ont été relevés dans la porte.

Sur le terroriste, on retrouvera son revolver de collection 8mm chargé de six munitions, un couteau, ainsi que huit autres munitions dans la poche intérieure de sa parka.

Le n°74, rue du Lazaret se trouve (ça ne s'invente pas), juste à l'entrée de la "Plaine des Bouchers", et à moins de 500 m du lieu où va s'élever en 2020 la future Grande Mosquée Ayuub Sultan (ou Grande Mosquée turque), l'une des plus grandes d'Europe (prévue pour 3000 fidèles), deux minarets de 36 mètres de haut !

Les deux plus grandes mosquées de Strasbourg se trouvent dans le quartier de Neudorf, dans un rayon de 900 mètres.

Au n°74, rue du Lazaret se situe un Foyer de la jeunesse qui assure une mission de protection de l'enfance.

Propriétés du nombre 74

Le hasard a amené ce musulman radical revêtu d'un manteau devant le numéro 74 de cette rue du Lazaret... Etait-ce vraiment le hasard ? La sourate n°74 du Coran s'intitule : al-muddattir (le revêtu d'un manteau)...

Dans le symbolisme, le nombre 74, représente l'absence de lumière, les ténèbres.

En guématrie (en utilisant la correspondance a=1, b=2, c=3,etc...), on découvre que le nom de "Lucifer" totalise 74 comme valeur numérique.

Occurrence : Le mot démon et le verbe souffrir sont employés 74 fois dans la Bible.

En janvier 2013, le journal Le Monde" a publié une enquête Ipsos indiquant que 74% des personnes interrogées estiment que l'islam est une religion "intolérante".

74% des Allemands estiment que l'islam "ne fait pas partie de l'Allemagne".

La société française se raidit, selon un sondage Ipsos de juillet 2017, pour l'Express : les Français jugent majoritairement que les étrangers sont "trop nombreux" et que l'islam est incompatible avec les valeurs françaises.

74% jugent que l'islam "cherche à imposer son mode de fonctionnement aux autres". Cette dernière opinion est partagée majoritairement par toutes les sensibilités politiques.

La porte du 74, criblée de balles...

Une fin très symbolique...

En Alsace, la célébration de la fête de Sainte-Lucie, en plein milieu de la période de l'Avent, et tombant le même jour que la Ste Odile (patronne de l'Alsace), est l'une des traditions notables de la saison de Noël.

Elle a été incorporée dans le folklore de Noël à travers le personnage du Christkindel.

Deux personnages accompagnent la visite du Saint Nicolas : le Père Fouettard, qui fait la liste des mauvaises actions passées de l'enfant, et le Christkindel, une femme vêtue de blanc et qui porte une chandelle, qui liste les bonnes actions de l'enfant.

Les deux débattent afin de décider si l'enfant est puni ou récompensé par des cadeaux.

Le personnage du Christkindel est à l'origine du nom alsacien du Christkindelsmärik, le marché de Noël de Strasbourg.

Lors de cette fête, on raconte que Sainte-Lucie annonce aux démons de l'hiver la fin de leur règne et le retour du soleil qui vaincra les ténèbres.

C'est exactement ce qui s'est déroulé à Strasbourg ce 13 décembre 2018 : la fin de l'éphémère règne du "prince" (Chérif) des ténèbres et la réouverture du Christkindelsmärik, dès le lendemain matin.

Marché de Noël qui fut fermé pendant 2 jours.

Etrangement, le 13 décembre, est l'anniversaire de la mort de Sainte-Odile, proclamée "Sainte patronne de l'Alsace" par le Pape Pie XII en 1946.

N'est-il pas incroyable que cet "alsacien", né à Strasbourg, qui terrorisa l'Alsace pendant 3 jours, meurt le même jour que la Sainte patronne de l'Alsace ?

De plus, la cathédrale de Strasbourg et la rue Sainte-Odile se trouvent dans l'alignement nord du lieu où le terroriste fut tué.

Ce soir, là, à 22h22, pendant l'édition spéciale montrant les images de l'endroit où fut abattu le criminel Cherif Chekatt, la chaîne de télévision BFMTV diffusa ironiquement la célèbre chanson iconique de Bob Marley " I shot the sheriff"… (je tire sur le sheriff).

Traduction de la chanson (créée en 1973) : j'ai tiré sur l'agent de police, mais je n'ai pas tué le député, oh non!

J'ai tiré sur l'agent de police, mais je n'ai pas tué le député, oh non !

Toute autour de ma ville natale. Ils essayent de me traquer .

Ils disent qu'ils veulent me conduire à la culpabilité.

Pour l'assassinat du député. Pour la vie du député.

Mais j'ai dit : J'ai tiré sur l'agent de police. Mais je jure que c'était de l'auto-défense …

Mais si BFMTV avait voulu absolument diffuser du reggae ce soir-là, il pouvait tout aussi bien choisir la fameuse chanson de Gainsbourg "Aux armes etcetera", La Marseillaise version reggae. Le surlendemain, face à l'indignation de certains, BFMTV présenta officiellement ses excuses pour cette blague de soi-disant "mauvais" goût, soi-disant indépendante de sa volonté… Une "erreur de manipulation"…

J'ai personnellement apprécié cet humour tout-à-fait à propos et tellement gaulois.

Le "pestiféré"

Le terroriste a été éliminé dans une rue au nom très évocateur : la rue du Lazaret.

Qu'est-ce qu'un Lazaret ? C'est un établissement où sont isolées les personnes contaminées ou susceptibles d'avoir été contaminées par une maladie épidémique.

L'islamisme radical est effectivement une maladie qui contamine de plus en plus les musulmans. Rappelons que l'Alsace héberge malheureusement au moins 10% des musulmans radicalisés (salafistes) de France.

Le mot Lazaret est une altération par croisement avec le nom de Saint-Lazare (Saint patron des lépreux) et Nazaret, nom d'une île vénitienne où l'on mettait en quarantaine les malades contagieux revenus de Terre Sainte.

En tuant Cherif Chekatt, la police a permis d'isoler définitivement un dangereux islamiste contaminé par sa famille faisant partie des milieux radicalisés d'Alsace.

Etrangement, le ministre de l'Intérieur, Christophe Castaner est venu spécialement à Strasbourg, peu de temps avant la mort du terroriste, comme s'il était certain de sa fin.

Plus de 600 personnes, policiers et gendarmes, étaient mobilisés pour mettre un terme à la fuite du suspect.

Une trace dans le Parisis Code (Paris)

Le nom Chekatt est représenté dans Paris par la Société Chekatt (Aziz) au n°189, rue des Pyrénées (derrière le Père Lachaise…).

La ligne reliant la rue Sainte Lucie (date de la mort du terroriste) à la Société Chekatt, passe sur la Clef de la Mort (l'entrée du cimetière du Père Lachaise).

La ligne reliant la Société Chekatt à la rue d'Alsace, passe sur le bar l'Assassin (n°99, rue Jean-Pierre Timbaut).

La ligne reliant la Sarl "11 décembre" (n°20, rue Voltaire, à Montreuil) au Boulevard de Strasbourg, passe sur la Société Chekatt…

La ligne reliant la Clef de la Communication (Maison de Radio-France) à la Société Chekatt, passe sur le Mémorial aux victimes du terrorisme (Jardin de l'Intendant, aux Invalides).

On appréciera cette dernière ligne qui nous montre clairement que la mort du terroriste Chekatt, rue du Lararet est un triomphe de la police, représentée par le Ministère de l'Intérieur... et une paix retrouvée.

L'Arc de Triomphe - l'entrée du Ministère de l'Intérieur (Place Bauveau) - la Sarl Lazaret (n°16, rue Volney), évoquant la rue où fut abattu le terroriste - la rue de la Paix- la station de métro " Père Lachaise" (la Mort) - la Société Chekatt (Aziz) au n°189, rue des Pyrénées, sont alignés !

Où se trouve le n°3, rue d'Epinal où le terroriste s'est réfugié après ses crimes ?

Sur la ligne reliant la Promenade de la **Tour du Diable** (au pied du Musée d'Art Moderne), au n°74, rue du Lazaret où il fut abattu.

Un pur produit de l'Islam radical...

Cherif Chekatt, qui s'était radicalisé en prison, possédait une curieuse marque au milieu du front ressemblant au Tabaâ, même si nous n'en n'avons aucune preuve à ce jour.

Le Tabaâ (de l'arabe "tampon"), aussi appelé "cal sur le front", désigne la marque laissée sur le front lors de la prosternation pendant des rites de prière musulmans, signe d'une assiduité religieuse.

Il s'agit d'une marque se formant sur le front à force d'en toucher le sol, comme le veut l'usage pour les cinq prières du jour chez les musulmans.

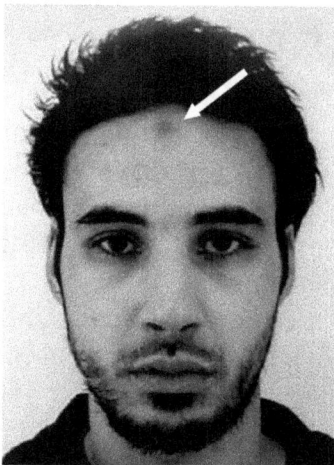

On peut ainsi y déceler un signe de radicalisation… Il se peut aussi que ce soit une étrange coïncidence.

Le père de Cherif Chekatt (71 ans) se prénomme Abdelkrim, un prénom issu du Coran qui contient phonétiquement le mot "crime", mais qui signifie en fait "serviteur du Généreux" dans la culture arabe.

Lui aussi est fiché "S". Sa moustache taillée et sa longue barbe rousse qui procède d'une teinture, sont un habitus pilaire évoquant le salafisme.

Plusieurs paroles et actions attribuées à Mahomet, préconisent de porter la barbe et de tailler sa moustache, et les savants de la doctrine musulmane en font volontiers soit une obligation, soit une recommandation.

Les radicaux musulmans du Pakistan et d'Afghanistan recommandent de se teindre la barbe ou les cheveux avec du henné ou du safran pour se distinguer des juifs et des chrétiens.

Le malien Oumar Ould Hamaha, abattu en 2014, chef de plusieurs groupes djihadistes était surnommé Barbe rousse en référence à sa teinture.

Lors de sa mise en examen, Abdelkrim Chekatt porte un bonnet à l'effigie de Che Guevara, icône du marxisme révolutionnaire signe de rébellion contre l'impérialisme occidental, c'était le prosélytisme révolutionnaire, la guérilla, l'exécution des adversaires et des traîtres, le sens du sacrifice : son groupe de guérilla était baptisé "commando suicide"…

Autant de principes et de positions qu'on retrouve dans le djihadisme. (Source Médiapart).

Le Che…

En y regardant de plus près, ce bonnet à l'effigie de Che Guevara semble posséder une signification plus profonde.

Ernesto Guevara, le dirigeant de la révolution cubaine assassiné en 1967 était connu comme "Che Guevara" ou "le Che", qui signifie "toi", ou "eh mec".

C'est une sorte de tic de langage utilisée couramment en Argentine ou Bolivie, qu'il utilisait fréquemment.

Curieusement, c'est de cette façon (Hé, Monsieur !), que Cherif Chekatt a interpellé sa première victime avant de lui tirer une balle dans la tête.

Mais avant tout, mettre en évidence la tête du "Che", c'est pour Abdelkrim CHEkatt, une sorte de signature.

En effet, "Che", c'est le début de son nom. C'est aussi le début du prénom de son fils CHErif. Le terroriste de Strasbourg arborant ainsi deux fois ce préfix.

On remarquera que Cherif Chekatt est mort au niveau de la station SNCF... Krimmeri, un mot qui contient lui aussi phonétiquement le mot "crime".

Le restaurant le plus proche, "La Couronne" se trouve à 60 mètres. Un troisième frère du tueur, Sami, 34 ans, est connu pour sa fréquentation des milieux salafistes strasbourgeois ; il est fiché S et intrigue les enquêteurs et les services de police allemands.

Alignements suspects à Strasbourg

A Strasbourg, il existe une étrange ligne de style Parisis Code, en lien direct avec la mort de Cherif Chekatt.

Ce lien nous est apporté par la Pizzeria Le Prince (n°53, rue du Faubourg National), évoquant le prénom du tueur (Cherif).

Le soir de l'attentat Cherif Chekatt s'est fait déposer en taxi rue de Belfort, un quartier de Neudorf qu'il connait bien où habitait un de ses frères, au n°3, rue d'Epinal, où il a passé son enfance, sombrant rapidement dans la délinquance. Son nom figure encore sur la boîte aux lettres. C'est là qu'il a été vu pour la dernière fois.

D'après le chauffeur de taxi, il aurait la vie sauve parce qu'il est lui-même musulman et qu'il arbore des signes religieux dans sa voiture.

La seconde fois, le terroriste fut aperçu à l'extrémité de la rue d'Epinal où il se terrait.

Il s'était retrouvé dans le faisceau de la lampe torche d'un policier, avant de faire feu sur lui.

Le dernier jour de sa cavale, vers 19h, un signalement décrit aux forces de l'ordre un homme sautant par-dessus des clôtures, rue de Saint-Dié et rue d'Épinal, notamment ...».

On constate que les rue de Saint-Dié, de Belfort et d'Epinal se trouvent exactement sur la ligne reliant la Pizzeria (Halal) Le Prince (n°53, rue du Faubourg National), au n°74, rue du Lararet où le terroriste fut abattu !

Rappelons que le prénom du terroriste, Cherif signifie "Prince". Un bien beau prénom pour un parfait crétin !

La ligne reliant son adresse officielle (n°20, rue Tite Live) et son adresse d'enfance (n°3, rue d'Epinal), passe sur la Grande Mosquée de Strasbourg.

Dans l'adresse du terroriste, rue Tite Live, on remarquera que Live est l'anagramme du mot anglais Evil qui signifie Mal, mauvais, malfaisant, fléau, malheur, diable, méchanceté, diabolique, maléfique, funeste, méchant, nocif… des qualificatifs qui vont comme un gant à Cherif Chekatt.

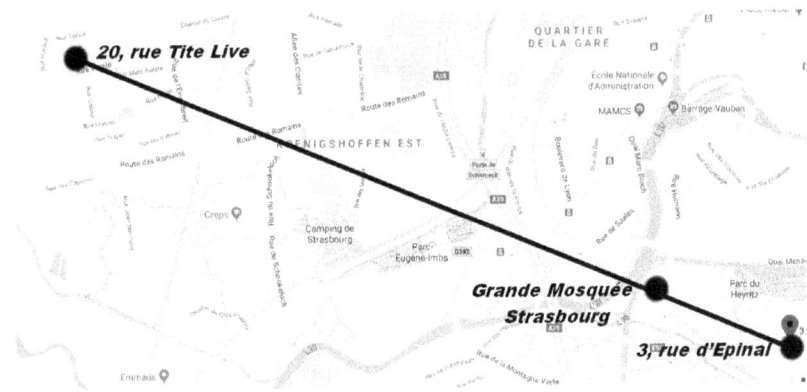

L'une des victimes du terroriste était Kamal Naghchband un musulman de 45 ans d'origine afghane qui avait fui les Talibans il y a 20 ans.

Ce garagiste, tué au niveau du magasin Adidas au n°12, rue des Grandes Arcades, était père de 3 enfants.

Kamal Naghchband vivait au n°72, Boulevard la Fontaine (Hautepierre), à moins de 850 m de son assassin !

La ligne reliant son adresse à celle où mourra le tueur, passe sur la Grande Mosquée de Strasbourg… tout un symbole.

Le garage où il travaillait, à la Meinau (Garage Alsace 67, au n°29, route de la Fédération), se trouve juste devant la Mosquée Ayub Sultan, où furent célébrées ses funérailles.

Ce lieu est à 650 mètres de la rue du Lazaret, où péri son assassin.

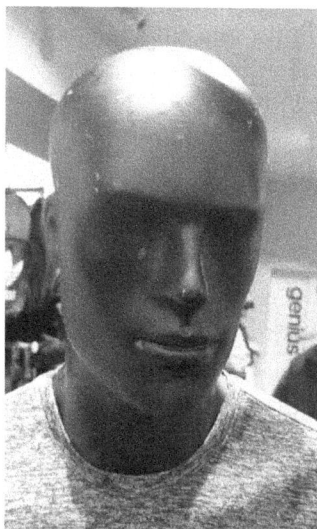

Comme s'il avait rendez-vous avec la Mort, Kamal Naghchband fut assassiné au pied d'un mannequin noir du magasin de sport Adidas. On peut imaginer que la silhouette du tueur s'est reflétée quelques secondes dans ce mannequin...

En Russie, les survêtements Adidas sont devenus particulièrement populaires au sein du monde criminel.

Même les prisonniers en enfilent, car de nombreuses prisons ne disposent pas d'uniformes.

Certains ex-sportifs professionnels se sont reconvertis dans le crime pour joindre les deux bouts... sans quitter leur tenue d'entraînement.

Cette mode s'est exportée en France, dans les quartiers "qui craignent", où les malfaiteurs de seconde zone, les dealers et autres voyous portent eux aussi ce genre d'habits, inspirés par leurs pairs.

Un périple étrangement symbolique

Pour commencer son périple de la mort, le terroriste avait pénétré dans la zone sécurisée du marché de Noël par le Pont du Corbeau.

Dans la tradition musulmane, le corbeau surnommé "fils du malheur" est perçu comme un animal sans scrupule.

Dans le Coran, il est mentionné comme étant la créature qui montre à Caïn comment enterrer son frère Abel qu'il a assassiné... Au fil du temps, le corbeau, symbole de mort, a acquis une mauvaise réputation à cause de son plumage noir, de son cri rauque et de sa nécrophagie (il mange les cadavres), ce qui s'est traduit par une diabolisation progressive et une réputation d'oiseau de mauvais augure.

Le Pont du Corbeau est un lieu hautement symbolique et prémonitoire puisque ce pont s'appelait en 1308 "Pont aux supplices" ou "Pont des Hautes Œuvres", puis "Pont de la Grande Boucherie" au XVIIIème siècle.

Pendant plusieurs siècles, ce pont fut dénommé "Pont du bourreau" (Schintbrücke) Schinder = bourreau), car on y châtiait les malfaiteurs et on y noyait les condamnés à mort, enfermés dans une cage en fer.

Après avoir passé ce pont, Cherif Chekatt se dirige directement vers le "Carré d'Or". C'est là qu'il commence à tirer sur des passants au niveau de la rue du Chaudron, un nom qui fait indiscutablement penser au fameux chaudron de Satan, dans l'imagination populaire.

On aurait dit qu'il avait un rendez-vous avec le Diable qui s'était emparé de son âme.

Les premières victimes tombent au niveau de la rue du Chaudron devant la Boucherie charcuterie Frick-Lutz et la boutique de vin "Wolfberger", un nom qui commence par wolf (le loup en allemand). "

Le loup représente le diable, car celui-ci éprouve constamment de la haine pour l'espèce humaine et il rôde autour des pensées des fidèles afin de tromper leurs âmes" disait un anonyme du XIIIe siècle.

Tout commence sous l'œil d'une sorte de grosse gargouille de couleur marron à tête d'animal cornu au genre indéfinissable (chimérique)...

Cette gargouille placée à 3 m de hauteur, qui pourrait être une copie fantaisiste de celles qui décorent la Cathédrale de Strasbourg, est une décoration temporaire installée à l'occasion du marché de Noël à l'intersection rue des Orfèvres - rue du Chaudron.

Serait-ce une représentation du diable qui guida la main du terroriste ?

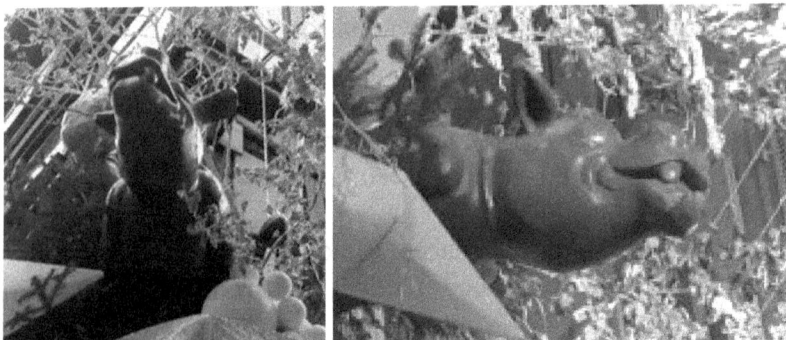

Les victimes de Cherif Chekatt tombent devant un fromager (Maison **Lorho**) du n°3, de la rue des Orfèvres.

C'était un carnage total devant la boutique (...) ont déclaré des témoins…

La Maison Lorho arbore une enseigne décorée d'un couteau. Le meurtrier est muni d'un couteau et d'une arme de poing…

Etrange coïncidence ! En effet **Lorho** est un nom originaire du Morbihan, dérivé du vannetais lorc'h qui signifie "peur, frayeur, terreur" !

La fille du fromager Jeanne a d'ailleurs été grièvement blessée; une balle lui a traversé le bras.

Cette constatation laisse l'étrange sensation que ce genre d'évènement est programmé par une mystérieuse Intelligence qui semble s'amuser avec le destin des humains à la manière des Dieux de l'Olympe, de l'antiquité grecque.

Et Satan conduit le bal...

En 25 minutes, entre le lieu de sa première agression devant la rue du Chaudron et son dernier meurtre, au Pont Saint-Martin, le terroriste a parcouru 650 mètres, tué 5 personnes et blessé grièvement 11.

On constatera que les quatre premiers morts (un devant la boutique Adidas, un devant la brasserie La Stub et deux devant le bar les Savons d'Hélène) se trouvent sur un même axe menant à la rue du **Chaudron**.

L'axe formé par le premier crime (devant la boutique Adidas) et le dernier (sur le Pont Saint-Martin) mène sur la crêperie... "Le **Moulin du Diable**" (n°29,rue Finkwiller), située devant la rue de la Question ; rue où se trouvait au Moyen-âge, la Daumelturm, la tour où le bourreau de Strasbourg soumettait les accusés à la torture, notamment par écrasement du pouce!

Pont Saint-Martin

Pont Saint-Martin, 20 jours après l'attentat, le lieu où est mort le touriste thaïlandais est encore fleuri...

Dessin réalisé par Victoria Grenier (2018) suite à l'attentat de Strasbourg - "Strasbourg debout pour toujours", déposé au Pont Saint-Martin à l'endroit où fut tuée la dernière victime de Chérif Chekatt, un touriste thaïlandais, Anupong Suebsamarn (45 ans).

Cherif Chekatt venait de purger en 2015, deux ans de prison à la Maison d'arrêt de l'Elsau (Strasbourg) où l'on note son prosélytisme religieux.

Curieusement, on notera que cette prison a ouvert ses portes en septembre 1988, soit 5 mois avant sa naissance. A croire qu'elle fut spécialement construite pour l'accueillir !

Amusant pour un établissement qui n'héberge pas vraiment des anges : l'adresse postale de cette prison est le n°6, rue Engelmann un nom allemand qui signifie "Homme-Ange".

Cette prison, la Mosquée Ayuub Sultan et le lieu où fut abattu Chérif Chekatt sont rigoureusement alignés sur 1500m…

Un raccourci de sa vie : prison-mosquée-mort…

A noter que la première victime du terroriste fut un musulman de 45 ans nommé Kamal, tué devant ses enfants, qui fréquentait assidûment la Mosquée Ayuub Sultan…

"Kamal" est un nom arabe qui signifie "personne vraie, intègre, honnête, sincère, serviable".

L'attentat a été commis le mardi 11 décembre 2018 correspondant au deuxième jour du cinquième mois (Rabi al-Akhir) de l'année 1440 du calendrier islamique (2/5/1440).

Le logeur du terroriste

Le 17 décembre a été écroué pour participation à une association de malfaiteurs terroristes criminelle, un proche du terroriste Cherif Chekatt, un certain Audrey Mondjehi (37ans), un individu aux lourds antécédents judiciaires.

Il a été impliqué dans des règlements de compte avec arme à feu.

Il a avoué avoir hébergé le criminel chez lui à Lingolsheim (parc des Tanneries) les nuits précédant le massacre.

Cherif Chekatt lui avait annoncé qu'il ferait "la Une de BFM-TV le soir même".

Ce délinquant que le tueur de Strasbourg a connu en détention, est une figure de la scène rap strasbourgeoise, et connu sous le nom d'1pulsif 67.

Il est possible qu'il lui ait fourni le revolver utilisé pour commettre l'attentat.

En 2008, "Dangereux, armés, redoutables", clip de rap du groupe 1PULSIF 67, était au cœur d'une polémique.

Le syndicat UNSA-police avait demandé au ministre de l'Intérieur de poursuivre en justice le groupe en dénonçant ce clip outrageant à l'égard des policiers et de leur conjointe.

Simulation d'une séquestration et tabassage d'un policier ainsi que des femmes tenues en laisse sont en effet au programme de ce clip…

Une semaine après l'attentat, un demi-frère du terroriste, âgé de 15 ans, fut arrêté pour vol à main armé...

Le 22 décembre 2018, une vidéo d'allégeance au groupe Daech a été retrouvée sur une clé USB appartenant à Cherif Chekatt... d'une durée d'une minute, elle montre le terroriste en train de lire le texte d'allégeance habituel à l'État islamique, que l'on trouve sur les sites djihadistes.

Enregistrée le 10 novembre, un mois avant son passage à l'acte, elle avait été effacée. Les services de renseignements suivaient Cherif Chekatt depuis 17 mois.

Il semble que son objectif premier fut la gare de **Colmar** dont il avait demandé les plans le 22 novembre, se disant être passionné par le bâtiment construit au début du XXe siècle.

Les fonctionnaires territoriaux n'ont pas accédé à sa demande.

Cherif Chekatt, avait prémédité 4 mois auparavant la tuerie du 11 décembre 2018.

En septembre 2018 Cherif Chekatt a contacté son ex-codétenu Audrey Mondjehi, afin de se procurer des armes pour des braquages avant de partir en Syrie où il désirait mourir en martyr. L'homme a mis le terroriste en relation avec des gens du voyage, et une rencontre a eu lieu le matin même de l'attentat sur le parking du magasin But au nord de **Colmar**.

Depuis l'été précédant l'attentat, Chekatt avait assuré à sa famille vouloir mourir, mais ses proches ne l'avaient pas pris au sérieux.

Curieusement, Cherif Chekatt mourra 3 semaines plus tard devant l'**Avenue de Colmar**.

L'inhumation

Le Conseil français du culte musulman (CFCM) avait appelé la ville de Strasbourg à inhumer le terroriste "le plus rapidement possible". Suite au refus de l'Algérie d'accueillir sa dépouille, il a finalement été discrètement inhumé dans l'anonymat pour "éviter d'en faire une victime", probablement dans le cimetière musulman de Strasbourg-Sud (Meinau), premier cimetière public musulman de France, inauguré le 6 février 2012, situé au n°184, rue du Rhin Tortu.

Afin de satisfaire au rituel musulman, le plan de ce cimetière est orienté en direction de La Mecque.

Magie des alignements ! Cherif Chekatt a été abattu au n°74 rue du Lazaret, précisément sur la ligne de 4,4 kilomètres (et à mi-chemin), joignant le n°10 rue des Orfèvres, où il a commis son premier meurtre, à l'entrée principale du cimetière de Strasbourg-Sud où désormais Satan s'occupe de lui…

Le cimetière musulman se trouve exactement dans l'alignement sud du n°74 rue du Lazaret !

Remarque : La Grande Mosquée de Strasbourg, rue Averroès (2012), la Grande Mosquée turque Ayuub Sultan, rue de la Fédération (2020), et le cimetière musulman de Strasbourg-Sud, rue du Baggersee (2010) sont rigoureusement alignés. Volonté délibérée ? Peut-on encore en douter ?

La Grande Mosquée de Strasbourg se trouve rue Averroès… Ibn Rochd de Cordoue (1126-1198), plus connu en Occident sous le nom d'Averroès, est un philosophe, théologien, juriste et médecin musulman andalou mort le 10 décembre 1198 à Marrakech.

Condamné par l'Eglise comme par les théologiens de l'Islam pour avoir aborder la foi avec les outils de la raison, Averroès est mort en exil, haï de tous.

Pourtant l'histoire reconnaîtra en lui l'un des plus grands penseurs du monde musulman.

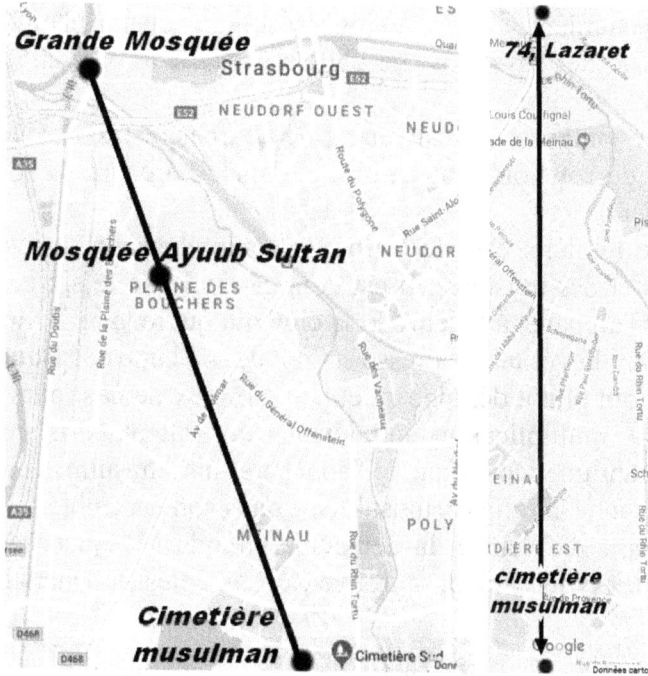

Mystère de la Mosquée

Etrangement, le n°74, rue du Lazaret se trouve en direction de La Mecque, par rapport à la Grande Mosquée de Strasbourg.

De plus, la voie ferrée qui passe devant cette adresse, passe également devant cette Mosquée.

Une section de 1,2 km de cette voie respecte d'ailleurs à 100% la direction de La Mecque.

Le dôme de la mosquée a été posé le jour de l'Aïd el-Kebir (Fête du Sacrifice) la plus importante des fêtes islamiques. Lors de cette fête, un animal est sacrifié en guise de repas.

L'adresse officielle de la Grande Mosquée de Strasbourg est n°6, rue Avérroes... une rue qui en fait n'existe pas vraiment, puisqu'elle ne comporte qu'un seul numéro : le six. Ce chiffre n'a pas été choisi au hasard.

Dans l'Islam, le chiffre 6 symbolise le mouvement de la lumière. Sa forme est une spirale en expansion vers un infini.

Le 6 définit une individualité "divine", capable d'exprimer sa lumière.

Cette lumière, c'est le Verbe, la compréhension, l'ouverture des clefs et des mystères. Le chiffre 6 décrit le parcourt de la clef dans la serrure.

Il est composé exclusivement de courbes, symbole d'esprit. Son sens de rotation, vers la droite, suit le parcourt du soleil, de la lumière.

Cette lumière, c'est le Verbe, la compréhension, l'ouverture des clefs et des mystères. Il est donc normal que le six corresponde dans l'alphabet à la lettre F, la cleF qui ouvre la réFlexion.

En fait, la véritable adresse est rue de la Plaine des **Bouchers**.

Un nom plutôt dérangeant et peu glorieux de nos jours au regard de la multiplication inquiétante des attentats islamistes qui donnent une réputation de "bouchers" aux musulmans radicalisés et entache la religion musulmane dans son ensemble.

Manque de chance, la deuxième Grande Mosquée, la mosquée turque Ayuub Sultan se trouve ... Plaine des Bouchers !

Mosquée Ayuub Sultan

Cette dernière, à son ouverture en 2020, créera dans Strasbourg un alignement symbolique très important : en effet ce jour-là, la Grande Synagogue de la Paix, la Cathédrale Notre-Dame de Strasbourg et la rue Lafayette, adresse de la Grande Mosquée turque Ayuub Sultan seront alignées sur 3,18 km !

Cet axe est celui de … l'Avenue de la Paix.

La Mosquée Ayuub Sultan de Strasbourg a pris le nom de l'une des Mosquées d'Istanbul en Turquie, construite en 1458, érigée en l'honneur d'Ayuub Sultan al-Ansari, l'un des compagnons du prophète Mahomet, ce qui en fait l'un des plus importants lieux saints de l'Islam.

Lors de leur accession au pouvoir, les sultans s'y rendaient pour y accomplir un rituel : la prise en charge symbolique de l'épée d'Osman, fondateur de la dynastie ottomane.

L'architecture de celle de Strasbourg ressemble en partie à sa sœur turque d'Istanbul, en particulier ses deux minarets.

La Mosquée de la Robertsau, la Synagogue de la Paix, et la Cathédrale Notre-Dame sont également alignées.

Rappelons que les sièges des trois grandes religions alignées : la Grande Mosquée de Paris, Notre-Dame de Paris et la Grande Synagogue de la Victoire.

Autre alignement intéressant : la ligne reliant la Grande Mosquée de Strasbourg au siège du Conseil de l'Europe (Avenue de l'Europe), passe sur la Cathédrale Notre-Dame de Strasbourg.

Synagogue de la Paix

Meurtre rituel ?

Cet attentat revendiqué par Daesh le 13 décembre suite à la mort du terroriste visait la chrétienté, représentée symboliquement par la crèche installée dans la Cathédrale de Strasbourg et le Sapin de Noël monumental installé sur la Place Kléber.

Le carnage perpétré par le terroriste Cherif Chekatt a été commis rue des Orfèvres, au niveau de la rue du Chaudron (symbole du Diable !).

S'agissait-il d'un meurtre rituel savamment orchestré et sélectionné en fonction du symbolisme qu'il engendre ?

Etrangement, cette rue des Orfèvres se trouve précisément sur la ligne reliant le **Sapin de Noël** monumental à la grande **crèche** de la Cathédrale de Strasbourg.

Cette ligne traverse symboliquement le restaurant "Le **Saint-Sépulcre**" (au n°15, rue des Orfèvres).

Le Saint-Sépulcre est le tombeau du Christ, le sépulcre où le corps de Jésus fut déposé au soir de sa mort sur la Croix…

Elle passe aussi tout aussi symboliquement sur la Boucherie charcuterie **PORCUS** (Place du Temple Neuf) qui, comme son nom l'indique est spécialisée dans la viande porcine, bref, tout ce qu'exècre au plus haut point les musulmans…

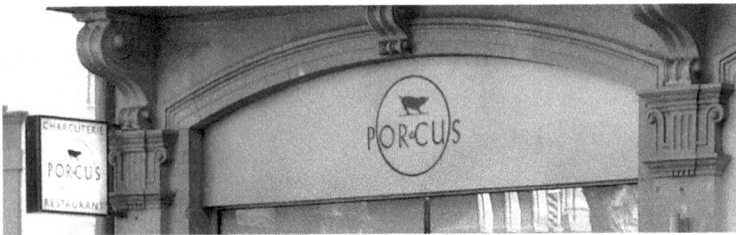

Petite parenthèse : 38 jours avant l'attentat du 11 décembre, un évènement peu commun presque prémonitoire s'est déroulé à cet endroit précis le samedi 3 novembre 2018, vers 13 h, à moins de 70 mètres du premier meurtre commis par le terroriste Cherif Chekatt.

Un liquide rouge et épais, imitant le sang, a été déversé sur le trottoir situé devant cette charcuterie; un acte attribué aux militants végans antispécistes (269 Life France), qui, via les réseaux sociaux, avaient invité à prendre part aux *Journées du sang versé* du 3 au 16 novembre.

Evénement consistant notamment à souiller la devanture des boucheries, charcuteries et autres magasins de produits animaux.

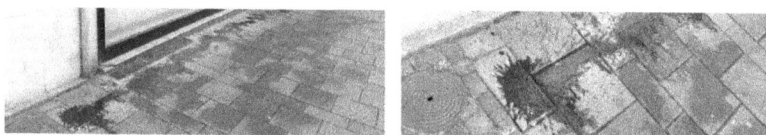

Les premières victimes du terroriste sont tombées devant la Boucherie charcuterie Frick-Lutz (au n°16, rue des Orfèvres).

Le 4 août 2018, à cet endroit même, une manifestation d'activistes antipécistes arborait des pancartes presque prémonitoires sur lesquelles on pouvait lire des slogans du genre : "Meurtre de masse" ou encore "voulez-vous cautionner le meurtre d'innocentes victimes ?"…

Qui aurait pu penser que le 448ème Christkindelsmarik serait marqué par un tel drame ?

Ce marché de Noël 2018 se tenait du 23 novembre au 30 décembre (37 jours).

Est-ce un hasard, si l'attentat a été perpétré le18ème jour, milieu exact de cet événement ?

Cherif Chekatt est mort le 13 décembre, jour anniversaire de la mort de Sainte Odile, patronne de l'Alsace, au 74, rue du Lararet, soit exactement sur la ligne reliant la Mosquée Ayuub Sultan à la Clinique Sainte Odile !

Le sapin de Noël

Le sapin de Noël n'était pas à l'origine un symbole religieux, mais il l'est devenu.

En effet, le sapin tel qu'on le connait aujourd'hui est né au XVIème siècle en Alsace (plus précisément à Sélestat). Les protestants réticents à l'idée de représenter la Naissance du Christ par une crèche comme les catholiques, choisissent alors de célébrer Noël avec des arbres qui symbolisent l'arbre du jardin d'Eden et l'histoire d'Adam et Eve.

En Alsace, le seul arbre qui reste vert en hiver étant le sapin, il est alors logiquement adopté.

On les décore ensuite avec des pommes rouges, des sucreries et des images. Cette tradition du sapin de Noël se répand ensuite un peu partout dans les pays, puis dans le monde chrétien.

Le Grand Sapin, érigé sur la Place Kléber, est l'une des attractions principales du Marché de Noël de Strasbourg.

Avec ses 30 m de hauteur et ses kilomètres de guirlandes, c'est l'un des plus hauts sapins naturels décorés en Europe avec celui de Paris.

Le premier sapin fut érigé sur la Place Kléber en novembre 1994, à l'occasion du 424ème Christkindelsmarik.

En octobre 2017, le sapin de Noël avait subi une sorte de malédiction. Un troisième sapin fut installé. Le premier se cassa en deux immédiatement après avoir été coupé, et le second penchant après son installation sur la Place Kléber, dû être remplacé.

La crèche de Noël

La crèche de Noël met en scène la Nativité, donc la naissance de Jésus pour les chrétiens.

La légende veut que ce soit François d'Assise qui ait créé la première crèche vivante en Italie.

La crèche de Noël de la Cathédrale de Strasbourg, qui fut créée en 1907, est l'une des plus grandes de France, mesurant près de 20 mètres de longueur.

Elle présente cinq scènes : l'Annonciation, la Visitation, la Nativité, l'Adoration des mages et la Présentation au temple.

Médine, le rappeur islamiste

Hasard du calendrier, le 14 décembre, jour de la Sainte-Odile (patronne de l'Alsace), au lendemain de la mort du terroriste Cherif Chekatt, le rappeur islamiste controversé Médine devait tenir un concert à la Laiterie, une salle de spectacle de Strasbourg. Par sécurité et par respect dû à la mémoire des victimes, ce concert a été annulé…

Médine habitué aux paroles propageant la haine et le djihad, avait osé programmer deux concerts au Bataclan les 19 et 20 octobre 2018, profanant ainsi sans vergogne la mémoire des 90 victimes abattues par des islamistes le 13 novembre 2015 !

Ce concert fut lui aussi annulé. Le rappeur a pris le nom de "Médine", qui est son prénom, mais également celui de la localité d'Arabie Saoudite réputée comme étant la deuxième ville sainte de l'islam, après La Mecque.

C'est la ville où le prophète Mahomet a reçu l'instruction de se tourner vers La Mecque au moment d'effectuer la prière.

On y trouve les tombeaux du prophète Mahomet et des premiers dirigeants islamiques…

Médine fait partie du collectif "La Boussole"… en rapport avec la direction à prendre pour la prière…

Une des pochettes de l'album de ce collectif "Le savoir est une arme", montre le schéma d'un pistolet d'un modèle ressemblant étrangement à celui utilisé par le terroriste Chekatt.

Sur cet album, les six chanteurs sont symbolisés par des balles de pistolet. Bref, que de l'Amour, voulant représenter cette religion !

La mise à mort...

Le terroriste est mort la tête en bas, dans un escalier de deux marches, le haut du corps sur une grille métallique au sol par laquelle s'écoula son sang.

Une scène semblable à celle des abattoirs. Une mise à mort dans l'esprit du sacrifice d'animaux lors de l'Aïd el-Kebir (Fête du Sacrifice) la plus importante des fêtes islamiques

Grille sur laquelle le terroriste est mort

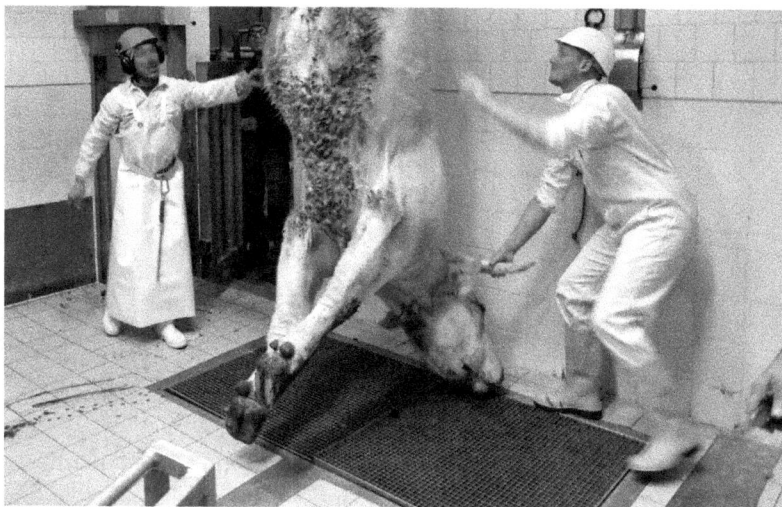

Le châtiment...

Nouvelle preuve qu'il existe bien dans Strasbourg des alignements symboliques de style Parisis Code...

On constate l'existence d'un alignement qui prouve que ce 13 décembre 2018, "Strasbourg", représentée par sa Cathédrale, et sa nouvelle mairie (La CUS) a "puni" son bourreau, le terroriste islamique Cherif Chekatt.

En effet la ligne de 1833 mètres reliant l'entrée principale de la Cathédrale Notre-Dame de Strasbourg au n°74, rue du Lazaret, où la "bête" fut abattue, passe sur la "CUS" et exactement sur le Pont du Corbeau, symbole de châtiment, d'ailleurs dénommé "Pont du bourreau".

Pendant plusieurs siècles, on y châtiait les malfaiteurs et on y noyait les condamnés à mort, enfermés dans une cage en fer le "Schandkorb" ou "panier de la honte".

Au moyen-âge, à cet endroit, débouchait l'un des seuls égouts de la ville, qui charriait les déjections humaines, matières fécales. Les bouchers y déversaient les intestins et boyaux des vaches. Dans la tradition musulmane, le corbeau est surnommé "fils du malheur"…

A Strasbourg, existe aussi une "Tour du Bourreau" qui fait partie des Ponts-Couverts.

La Tour du Bourreau (Henckerturm) - construite en 1220

Etrangement, la ligne reliant cette tour au lieu où péri le terroriste (n°74, rue du Lazaret), passe sur la rue d'Epinal, rue d'enfance de Cherif Chekatt.

C'est là aussi qu'il se réfugia juste après son crime, et où il échangea des coups de feu avec les forces de l'ordre.

Il était 20 h 20 quand le taxi déposa ce terrifiant client au n°5 de la rue d'Epinal… à 200 m du commissariat de Police !

A noter qu'en 2014, Cherif Chekatt fut incarcéré à la prison d'Epinal ; quelle coïncidence !
Difficile de ne pas croire à la programmation de certains événements (destin) !

Bar "Les Savons d'Hélène" devant lequel deux personnes ont été tuées… Barto Pedro Orent-Niedzielski et Antonio Megalizzi.

Les 5 victimes… De gauche à droite : Barto Pedro Orent-Niedzielski (Bartek), 36 ans - Antonio Megalizzi, 28 ans - Pascal Verdenne, 61 ans - Kamal Naghchband 45 ans - Anupong Suebsamarn (45 ans).

7 - L'épée du bourreau de Strasbourg

L'épée de Johann Michael Grosholtzen, le bourreau de Strasbourg, utilisée pour les exécutions capitales au Moyen-âge avait disparu pendant 3 siècles.

Cette épée fabriquée en 1670 a été retrouvée chez Jean-Marc Sabatier, un collectionneur d'Aix-en-Provence directeur de recherche sur les molécules au CNRS qui l'a acquise en 2011.

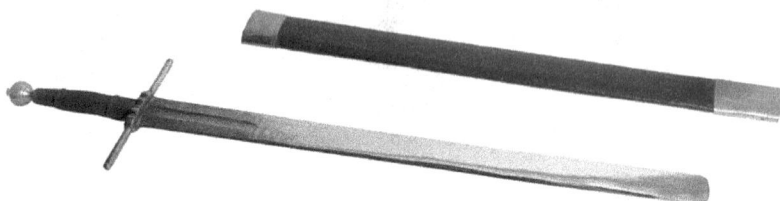

Epée de bourreau semblable à celle du bourreau de Strasbourg

Elle faisait partie de l'ancienne collection Christensen. Sa valeur est estimée à 25 000 euros. L'épée aurait décapité au moins 150 personnes.

Les projections de gouttes de sang incrustées dans le métal sont toujours visibles sur la lame à double tranchant, large de six centimètres.

Elle comporte un bout carré, car la pointe n'a aucune utilité dans la décapitation...

Gravée sur la tranche, des volutes de fleurs ciselées encadrent une citation en allemand : "Quand je lève cette épée au ciel, puisse Dieu accorder à ce pauvre pécheur la vie éternelle". Juste au-dessus, une roue de torture est gravée.

Si l'on retourne l'arme, on découvre une potence.

En 1670, date à laquelle l'épée a été réalisée, Strasbourg n'avait pas encore été conquise par Louis XIV.

Johann Michael Grosholtzen venait de devenir exécuteur bourreau, lorsque l'objet en question lui a été confié. Cette fonction se transmettait de père en fils.

L'épée pourrait revenir à Strasbourg moyennant finance.

Le bourreau habitait dans la Tour du Bourreau, au début de la rue Adolphe Seyboth, mais officiait dans une tour similaire aujourd'hui disparue, qui se trouvait un peu plus loin, rue de la Question.

8 - La cigogne d'Alsace

La **cigogne** est un des symboles de l'Alsace. La ligne reliant l'Avenue d'Alsace à la rue des cigognes, passe sur la rue Sainte-Odile, Sainte patronne de l'Alsace.

En France, jusqu'en 1970, la cigogne blanche ne nichait qu'en Alsace et en Lorraine.

C'est pourquoi elle est devenue l'emblème de l'Alsace.

En Alsace, les enfants naissent d'une manière très particulière : sous la cathédrale de Strasbourg, les âmes des enfants barbotent et s'amusent dans un lac en attendant de venir au monde.

Un gnome qui navigue sur une barque argentée est chargé d'attraper délicatement les âmes des bébés à l'aide d'un filet d'or. Il les confit ensuite aux cigognes qui les déposent ensuite dans les berceaux.

Les cigognes apportent les bébés dans les foyers qui ont pris soin de placer un morceau de sucre devant leur fenêtre pour attirer la cigogne, signe de leur désir d'avoir un bébé…

La cigogne dépose alors le précieux balluchon en échange de cette friandise. C'est la légende du kindelsbrunnen (Fontaine aux enfants).

A Strasbourg les bébés naissent à la maternité de l'Hôpital de Hautepierre (1979) et à celle de la Clinique Rhéna (2017) qui regroupe les maternités des cliniques Adassa, Sainte-Odile et Diaconat.

Si nous traçons une ligne de kilomètres reliant ces deux établissements, elle passe exactement sur la Cathédrale de Strasbourg (la Fontaine aux Enfants).

Devant la cathédrale on trouve divers commerces arborant le nom de la cigogne (restaurant La Cigogne, boutique La Cigogne d'Alsace). Sans compter les nombreux magasins qui vendent les cigognes en peluche…

Sur la cathédrale elle-même, façade occidentale, une statue du volatile alsacien trône fièrement devant la statue du Pape alsacien Saint-Léon (Léon IX).

La ligne reliant l'Hôtel Nid de Cigognes (n°2, Place de la Gare) aux 30 nids de cigognes de l'Orangerie, passe comme par enchantement sur l'Avenue d'Alsace.

La ligne reliant l'Hôtel Nid de Cigognes au restaurant Les Sales Gosses (n°56, Boulevard Clémenceau), passe sur la rue des Cigognes. Ambiance "bon enfant" dans ce restaurant !

La ligne reliant l'Hôtel Nid de Cigognes à l'entrée la Cathédrale de Strasbourg (la Fontaine aux Enfants), passe sur la rue du Jeu-des-Enfants.

Grand Périple dans Strasbourg *(Source: DNA)*

Le "GPS drawing" consiste à dessiner à l'aide d'un GPS, un objet ou un animal, grâce à son parcours sportif.

En décembre 2018, peu de temps après l'attentat du 11 décembre, Antoine Gouverneur, un Strasbourgeois de 26 ans, diplômé en topographie a marché 51 kilomètres pendant 6 h40 mn dans la capitale alsacienne pour tracer, sur sa carte GPS, une cigogne et le nom de Strasbourg.

La cigogne porte dans son bec le petit baluchon qui contient le nouveau-né, comme le veut la tradition.

Le modèle   *Le tracé dans la ville*

Antoine a commencé et terminé son périple par la patte gauche du volatile, au niveau du Heyritz et du Quai Menachem Taffel.

Du centre-ville au quartier de Neudorf en passant par celui de l'Esplanade, le joggeur n'a pas ménagé sa peine.

Le cerveau de l'animal se trouve au niveau du Conseil de l'Europe. L'œil est dans le Parc de l'Orangerie, véritable royaume des cigognes.

La base de la tête est dessinée par les Boulevards du Président-Edwards et de l'Orangerie.

On y dénombre une trentaine de nids.

A cet endroit vivent entre 100 et 130 cigognes. Sans doute la plus grande allée de cigognes de France, voire d'Europe, avec concerts de craquettements garantis dès 5 h du matin.

Le couffin est au niveau du "Bon Pasteur" et du parc des cigognes du zoo de l'Orangerie.

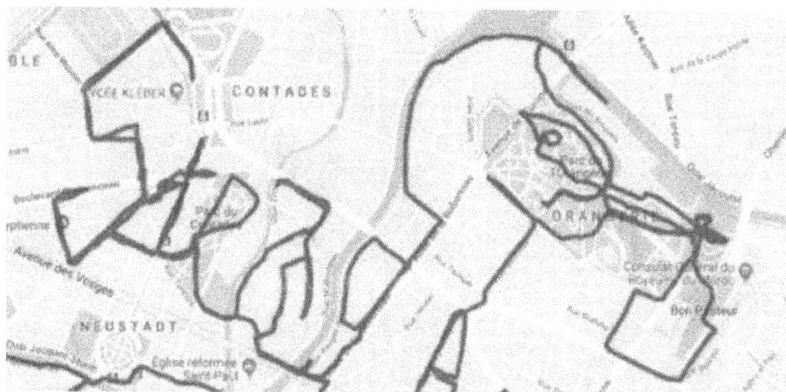

La pointe du pied droit est formée par l'entrée principale du Shoping Center Rivetoile.

Après deux jours de courbatures, il a relevé le défi de chausser à nouveau ses baskets pour dessiner un autre emblème local : le bretzel !

Dans le même esprit, en novembre 2018, un requin géant a été réalisé à Paris en 10 heures de marche (50 km), avec un trackeur GPS (signal GPS d'une application de running), par la marathonienne triathlète Marine Leleu.

L'œil du requin est au niveau de l'Arc de Triomphe. Une mode vient d'être lancée !

9 - Les obus incrustés

Sur la Place de la Cathédrale, à Strasbourg, au n°12, l'Hôtel Cathédrale arbore sur sa façade nouvellement rénovée, un étrange petit objet métallique.

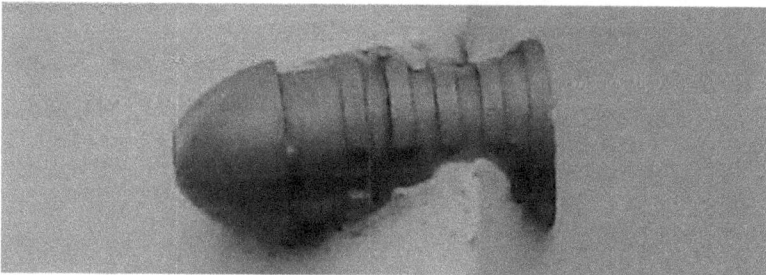

L'objet incrusté dans la façade de l'Hôtel Cathédrale

Cet insolite artefact incrusté dans le mur aiguise depuis longtemps la curiosité des strasbourgeois et des nombreux touristes dont le regard serait plutôt enclin à admirer du côté opposé, la magnifique Cathédrale gothique.

Pour ces curieux, il ne s'agit que d'un OVNI (objet volant non identifié).

L'Histoire de la ville nous fournit la véritable explication : il s'agit en fait, tout simplement, d'un petit obus prussien venu s'encastrer, en 1870, dans le mur de cet immeuble, transformé aujourd'hui en hôtel.

Pendant la guerre de 1870, dans la nuit du 24 août (nuit de la Saint- Barthélémy !), plus de 200 000 obus causèrent des dégâts considérables dans le cœur historique de Strasbourg.

Il existe 9 adresses dans Strasbourg, où l'on peut encore voir les obus du bombardement de 1870 encastrés dans les murs:

Au n°12, Place de la Cathédrale, n°8, rue du Gazon, n°27, rue Sainte-Elisabeth, n°7, rue du Vieux Marché aux Poissons (seul l'extrémité de l'obus émerge du mur), n°18, quai Saint-Nicolas, n°9, Quai des pêcheurs, n°1, rue d'Austerlitz, n°1, Place du Temple Neuf et n°3, Place Saint-Pierre-le-Vieux (un boulet rond). *(Source Local Trotter)*

Ces obus *étaient tirés par le canon* Krupp.

Mais cet obus Prussien du n°12, Place de la Cathédrale semble cacher un autre mystère plus subtil, plus… paranormal.

En effet, si l'on observe plus attentivement cet objet, on s'aperçoit que son axe est orienté avec précision sur la cathédrale qui ne se trouve qu'à une cinquantaine de mètres.

En deux mots, s'il n'avait pas été stoppé dans sa course par l'arête du mur de l'hôtel, cet obus prussien aurait explosé sur l'entrée principale de N-D de Strasbourg et probablement fait voler en éclat la statue de la Vierge à l'enfant qui la domine !

C'est donc un véritable petit miracle marial qui est ainsi exposé sur cette façade de l'Hôtel Cathédrale depuis 138 ans !

Photo prise devant l'entrée de la Cathédrale (trajectoire de l'obus

La vierge à l'enfant de l'entrée principale de la Cathédrale.

10 - La Main Noire

Voici comment, virtuellement, 1222 ans après sa mort, Sainte Attale, la Sainte patronne de Strasbourg lutta contre l'envahisseur allemand.

Sainte Attale, nièce de Sainte Odile (patronne de l'Alsace), est née en 687. Elle fut mère supérieure au Couvent Saint-Etienne à Strasbourg, où elle mourut en 718.

Sa dépouille mortelle fut exposée pendant 5 semaines pour lui rendre hommage. C'est à cette occasion que sa main droite fut coupée et volée.

Sa main momifiée est toujours conservée dans un reliquaire en verre dans l'église de l'école épiscopale Saint-Etienne édifiée à l'emplacement du monastère.

Cette main de couleur noire se trouve dans l'alignement Est de la Cathédrale, sur une ligne virtuelle passant par la rue des Sœurs et la rue de la Croix.

La main est exposée le 3 décembre, fête de Sainte Attale.

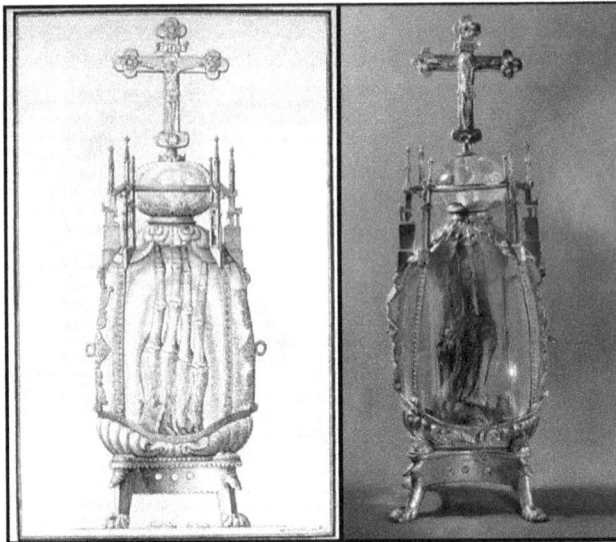

En septembre 1940, dans le collège épiscopale Saint-Etienne un réseau de 25 jeunes résistants de 14 à 16 ans, pour la plupart enfants de cœur de la Cathédrale, a pris le nom de "La Main Noire" en référence à la relique de Sainte Attale (Sainte patronne de Strasbourg). Ce fut l'un des premiers réseaux de résistance en Alsace.

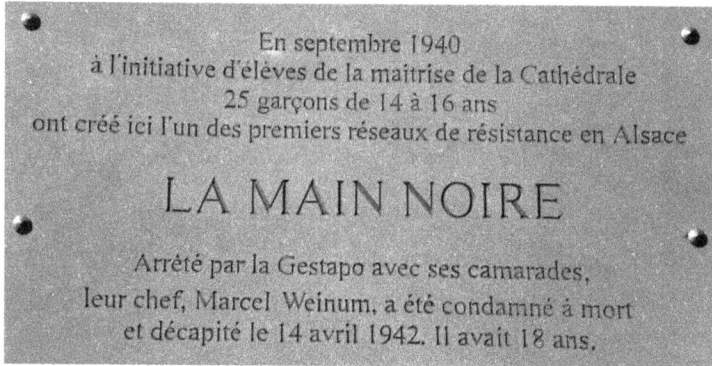

En septembre 1940
à l'initiative d'élèves de la maitrise de la Cathédrale
25 garçons de 14 à 16 ans
ont créé ici l'un des premiers réseaux de résistance en Alsace

LA MAIN NOIRE

Arrêté par la Gestapo avec ses camarades,
leur chef, Marcel Weinum, a été condamné à mort
et décapité le 14 avril 1942. Il avait 18 ans.

Marcel Weinum le chef du réseau fut décapité le 14 avril 1942 par les nazis dans une prison de Stuttgart. La rue Marcel Weinum est dans l'alignement sud du monument aux morts devant lequel il fut pris en photo avec ses camarades.

La ligne reliant la rue Marcel Weinum à la rue de la Liberté, passe sur le collège épiscopal Saint-Etienne, QG du réseau "La Main Noire" où est apposée une plaque commémorative.

Ceslav Sieradzki, un des compagnons de Weinum fut le premier résistant d'Alsace mort pour la France le 12 décembre 1941 au camp d'internement de Schirmeck.

11 - Le plus vieux vin du monde

Dans la cave des Hospices de Strasbourg, un vin blanc d'Alsace datant de 1472, encore consommable d'après une analyse datant de 2011, sommeillait dans un tonneau de forme ovale d'une contenance de 300 litres. Ce précieux nectar a un taux d'alcool d'environ 9,4%.

Personne n'a bu ce "plus vieux vin du monde", depuis le Général Leclerc, dernier goûteur officiel le 23 novembre 1944 à la Libération. Avant lui, ce vin n'aura été dégusté que deux fois seulement.

Le plus vieux vin du monde...

La première, en 1576 pour célébrer l'alliance entre Strasbourg et Zurich, la deuxième fut plus d'un siècle plus tard, le 2 mai 1718, pour marquer la pose de la première pierre du nouvel hôpital publique.

A cette occasion la première pierre a été solennellement posée à l'angle gauche du portail du milieu du bâtiment.

Dans chaque coin on plaça 4 fioles de vin des années 1472, 1519, 1525 et 1717 (vin de Dambach).

En 2014, suite à une fuite qui faisait perdre 3 litres de vin par an le vin a été transféré dans un autre tonneau tout neuf en forme d'œuf d'une contenance de 450 litres.

Le Général Leclerc trouva la mort le 28 novembre 1947, exactement 3 ans après avoir dégusté le plus vieux vin du monde. Il fut carbonisé avec ses camarades de vol dans le désert algérien près de Colomb-Béchar où son bombardier bimoteur B-25 Mitchell s'est écrasé.

Dans cet avion on retrouva un 13ème passager dont l'identité n'a jamais été trouvée… Sabotage ?

Un gros tonneau de 6770 litres est exposé sur la Place des Tripiers.

La ligne reliant ce tonneau géant à la cave des Hospices de Strasbourg, passe sur la rue des tonneliers et la rue de la Division Leclerc.

Au Moyen-Âge, il était courant de payer ses frais médicaux en nature… Ainsi, l'hôpital a acquis de nombreuses vignes et beaucoup de vin qu'il stockait dans ses caves.

12 - Le charmeur de mésanges

Sur la Place Saint-Etienne, on peut admirer depuis 1929, la charmante statue d'un jeune flutiste, le *Meiselocker*, ou charmeur de mésanges.

Elle illustre le passe-temps favori des jeunes Strasbourgeois du Moyen Age : attraper les mésanges pour leur apprendre à chanter et les vendre sur l'actuelle place Gutenberg...

Comme on le sait, c'était pour animer une soirée organisée sur cette Place Saint-Etienne que le Général Kellermann avait suggéré à Rouget de Lisle de composer un chant...

La ligne reliant ce flutiste (symbole de chant) au Quai Kellermann passe sur les deux endroits où fut chantée pour la première fois, La Marseillaise : le n°3, Place Broeglie et le n°17, rue des Charpentiers.

La ligne passe devant le coq chantant de la rue de la Nuée Bleue.

13 - Les danseurs fous de Strasbourg

Nous sommes à Strasbourg en l'an de grâce 1518. Une femme sort de chez elle et sans raison apparente se met à danser.

Pourtant, il n'y a pas de musique dans la rue et elle ne semble pas particulièrement joyeuse. Seules ses jambes sont agitées.

C'est le 14 juillet, certes, mais la fête nationale ne se célèbrera que dans 271 ans…

Mais curieusement, dès le lendemain, des dizaines de personnes descendent dans la rue et s'agitent de la même manière !

Rapidement, telle une épidémie, cette danse épuisante et incontrôlable commence à provoquer par épuisement la mort des danseurs.

On décide alors de parquer ces danseurs fous au Marché-aux-grains où l'on construit une estrade pour accueillir les danseurs en nombre de plus en plus important.

Des dizaines de musiciens viennent jouer jour et nuit afin que les malades évacuent le mal en dansant.

On offre de la bière et de la nourriture pour qu'ils tiennent le coup, mais les gigoteurs finissent par s'effondrer d'épuisement.

Les autorités décident alors d'emmener les malades à l'extérieur de la ville, à Saverne.

On les affuble de chaussures rouges sacrées et béni lors d'une grande messe célébrée en l'honneur de Saint-Guy, le saint invoqué contre l'épilepsie et l'agitation nerveuse.

Curieusement, suite à ces mesures, l'épidémie finit par s'éteindre.

Elle aura duré un mois, touchant au moins 400 personnes, et tuant une quinzaine d'individus par jour.

Huit ans plus tard, le médecin et alchimiste suisse Paracelse vint à Strasbourg pour tenter de percer le mystère de cette maladie spectaculaire qu'il nommera "chorémanie".

Son conseil : enfermer les victimes dans des lieux sombres ou jeter au feu des effigies en cire des malades.

Le désespoir des habitants de l'époque et la terreur religieuse sont peut-être les éléments déclencheurs de l'épidémie.

Les danseurs étaient convaincus d'être maudits par Saint-Guy. Pour certains chercheurs, la foi en la colère du Saint entraîna un nombre toujours plus grand de personnes à rentrer en transe.

Avant cette étrange épidémie de Strasbourg, on dénombrait déjà sept cas similaires en Europe, mais celle-ci fut la plus importante par son ampleur, et la plus documentée.

14 - La soucoupe volante de Kehl

A Kehl, ville limitrophe de Strasbourg, au bord du Rhin (Jardin des Deux-Rives), on peut voir depuis 2004, une grosse soucoupe volante (OVNI) posée sur ses 4 pieds.

Cache t-elle un message, outre le fait qu'elle sert d'expositions éphémères sur le thème de la Nature et de l'Environnement ?
On remarquera en tout cas, que la ligne reliant cet OVNI à l'entrée de la Cathédrale de Strasbourg, passe sur l'Impasse de la Lune et la Place du Soleil !

Pendant longtemps, à cet endroit se trouvait une grande fresque murale représentant un visage mi-humain mi-animal (message?)
Un autre mur peint situé dans le quartier de Hautepierre près du n°41, Boulevard Victor-Hugo et rue Dante, montre un immense

vaisseau spatial en forme de soucoupe volante qui fut inauguré en grande pompe par le maire de Strasbourg et la Ministre de la Culture Catherine Trautmann en janvier 2000.

Cette grande œuvre du graphiste J.P Girard intitulée " Ne t'éclipse pas, le Soleil revient" était censée concrétiser les aspirations des jeunes strasbourgeois pour l'An 2000, tout en célébrant le 11 août 1999, le jour de la dernière éclipse du XXème siècle.

La ligne de 8,2 km reliant cette fresque à l'OVNI de Kehl, passe sur le Vaisseau, centre de culture scientifique, technique et industrielle pour les jeunes de 3 à 15 ans situé n° 1, rue Philippe Dollinger.

Dans ces 3 paramètres on retrouve le thème des enfants, du futur, de l'évolution…

15 - Influence divine ?

Sainte-Cécile est la Sainte patronne des musiciens…

A Strasbourg, la ligne de 2,750 km reliant la rue Sainte-Cécile à l'Opéra du Rhin, passe comme par miracle sur la Cité de la Musique et de la Danse.

La ligne reliant la rue Sainte-Cécile à l'endroit officiel où fut chantée pour la première fois la Marseillaise passe sur l'entrée principale de la Cathédrale.

16 - Strasbourg 1891

Longinus est le centurion romain qui perça de sa lance le côté droit du christ en croix pour mettre fin à ses souffrances.

C'est l'entrée de la Cathédrale qui représente le Christ dans Strasbourg…

Longinus est représenté par la joaillerie "Longinus **1891**" située au n°22, rue du Dôme, à 100 m de la cathédrale.

Etrangement, si nous traçons une ligne joignant cette bijouterie à l'entrée de la Cathédrale, nous tombons sur le parvis où fut tourné en février 2011 une scène du film Sherlock Holmes 2 "Jeu d'ombres" dont l'action se déroulait en…**1891**, à l'occasion du 20ème anniversaire de l'Alsace Lorraine.

Il s'agissait d'un attentat à la bombe.

17 - Le Diable de la Cathédrale

Le parvis de la Cathédrale est sans cesse balayé par un vent parfois désagréable. Une légende explique ce phénomène…

Un jour, le Diable qui parcourait la terre en chevauchant le vent, a aperçu sa statue sur la cathédrale.

Il était représenté sous les traits flatteurs d'un beau jeune homme séduisant.

Les constructeurs de l'édifice avaient voulu illustrer un passage de la Bible (Matthieu 25, 1-13) qui le présentait comme le "Tentateur, courtisant les Vierges folles".

On le reconnaît grâce à son dos, d'où sortent des crapauds et des serpents.

La tentation est représentée par la pomme qu'il présente aux jeunes filles naïves qui ne l'ont pas reconnu.

Le Diable et les crapeaux

Les vierges folles et les serpents du Diable

Très flatté et curieux, le diable entra dans la cathédrale pour voir si d'autres sculptures le représentait à l'intérieur.

Mais surpris par la messe, il resta prisonnier à l'intérieur, où il s'y trouve encore…

Tel un fidèle destrier, le vent l'attend toujours sur le parvis en hurlant et tourbillonnant d'impatience.

Au fond de la Cathédrale, autour du pilier des anges, le Diable, furieux, fait le courant d'air…

18 - Le bonnet qui sauva la flèche de la Cathédrale

En 1793, pendant la Révolution Française, une terrible menace plane sur la Cathédrale de Strasbourg, le plus haut symbole de la chrétienté à l'époque, avec ses 142 mètres.

Elle blessait profondément le sentiment de l'égalité, et il devenait urgent de réduire ce symbole, en l'amputant de quelques mètres.

En bref, il fut donc décidé de détruire la tour octogonale de 40 mètres, œuvre de Jean Hültz de Cologne, inaugurée en 1439.

Par bonheur, pour éviter cette perte irréversible, une idée lumineuse traversa l'esprit d'un officier municipal, Jean-Michel Sultzer, qui était aussi maître serrurier.

Pour transformer la Cathédrale en symbole révolutionnaire, il proposa tout simplement de la coiffer d'un gigantesque bonnet phrygien (bonnet de la liberté) symbole de Liberté et de Civisme.

Jean Hültz de Cologne

Ainsi coiffé, l'édifice visible à des kilomètres à la ronde vanterait les vertus de la Révolution jusqu'en Allemagne et indiquerait où commence le véritable pays de la Liberté.

L'idée de Jean-Michel Sultzer fut acceptée, et l'année suivante un grand bonnet en tôle peinte d'une dizaine de mètres de haut fut confectionné et placé par ses soins au sommet de la tour.

Il y restera pendant huit ans. En 1802, le bonnet sera conservé dans la bibliothèque municipale.

Malheureusement suite au bombardement de la ville par les allemands en 1870, il disparaîtra à jamais dans les flammes.

La ville de Strasbourg, qui n'est pas ingrate, garde néanmoins un souvenir de Jean-Michel Sultzer, le sauveur de la flèche, et son bonnet phrygien historique, grâce à une magnifique enseigne placée au n° 24 place de la Cathédrale.

Elle est surmontée d'un buste de son constructeur.

La grande île de Strasbourg ressemble a une tête de rapace (aigle ou faucon), l'œil se trouvant au niveau de la Place Kléber…

Au niveau du cerveau, se trouve la Mairie et…l'Opéra.

La couronne est formée par la Place de la République et le Palais du Rhin.

19 - Un calendrier de l'Avent géant

C'est une tradition pour se préparer à la magie de Noël : ouvrir les 24 fenêtres d'un calendrier de l'Avent, qu'il soit en chocolat ou autres friandises. Il en existe aujourd'hui pour tous les goûts. Mais en 2017, Strasbourg a voulu plus original… un calendrier "street-art" monumental.

En décembre 2017, 24 artistes contemporains ont décoré les 24 fenêtres d'un beau bâtiment haussmannien du n°18 rue Kuhn (quartier gare) pour le transformer en calendrier de l'Avent géant. Anne Siegel (société AS Communication) qui habite cet immeuble fut l'instigatrice du projet.

Le 9ème jour, le 9 décembre, le lendemain de l'immaculée conception, les passants ont pu admirer un dessin de colombe blanche (symbole de la conception), sur fond bleu roi, couleur de la Vierge Marie...

Le vendredi 1er décembre, jour de l'Avent, à 17h30, la première œuvre fut inaugurée, puis chaque jour à la même heure une nouvelle œuvre fut découverte.

Les 24 artistes (9 graffeurs, 8 photographes et 7 peintres) étaient appelés à s'exprimer sur un panneau en Forex d'un mètre sur 55 cm (format paysage).

Les 24 panneaux finalement découverts sont restés visibles jusqu'au 6 janvier 2018 (Epiphanie).

Les œuvres furent ensuite vendues aux enchères au profit de l'association L'Alsace contre le cancer. L'argent récolté est revenu à des enfants, pour rester dans les valeurs et l'esprit de Noël.

20 - La découverte du Code de Paris

C'est à Strasbourg que fut découvert et décrypté le Parisis Code ; ce "détail" est gravé dans Paris depuis 135 ans ! Incroyable ? Jugez plutôt :

La Clef de la création (conception) alignée sur la transposition à Paris de mon adresse exacte à Strasbourg (où fut découvert le Parisis Code en juin 2005), donne une droite qui traverse avec une précision vertigineuse le centre de la boucle de l'Ankh (Opéra Garnier), clef emblématique du code, mais aussi la première clef que j'ai découvert.

La grande Croix Ankk (Avenue de l'Opéra, Opéra Garnier)

Le message est limpide : la découverte du Parisis Code est née à cette adresse...

Sur cette ligne, il est intéressant de trouver l'endroit exact où jaillit pour la première fois à Paris, la Lumière....

En effet, c'est juste devant la statue de Strasbourg, au pied de la statue de Lille, sur la Place de la Concorde que fut installée la lampe électrique expérimentale qui éclaira pour la première fois l'Obélisque le 20 octobre 1843, à 9 heures.

A noter que le 20 octobre, chaque année au lever du soleil, au Mont Sainte-Odile, le sarcophage de Sainte-Odile (Sainte-Patronne de l'Alsace), et sa statue en bois dans une chapelle adjacente, sont illuminés par un rayon de soleil.

Pour plus de précision sur ce phénomène que j'ai découvert en 2002, lire mon livre " Le Secret solaire du Mont Sainte-Odile" (Amazon et Lulu.com). Plus généralement "Les Phénomènes Solaires Artificiels".

Le premier éclairage électrique public permanent de la "Ville Lumière" eu lieu Avenue de l'opéra en février 1878.

Autrement dit : c'est l'Ankh, symbole du Parisis Code qui bénéficia en premier de la lumière !

Enfin, cette ligne passe exactement sur l'entrée principale du Palais de la... Découverte !

Un dernier détail sur cette ligne : la rue d'Alsace (Strasbourg se trouve en Alsace…).

Dans le Parisis Code, la Clef de la Communication est un édifice circulaire : la Maison de Radio-France.

Pour plus de précision, c'est généralement le centre de ce cercle qui est pris en compte.

Maison de Radio-France, Clef de la Communication du Parisis Code

La Statue allégorique qui représente la ville de Strasbourg se trouve sur la Place de la Concorde, l'angle de la rue de Rivoli et de la rue Royale.

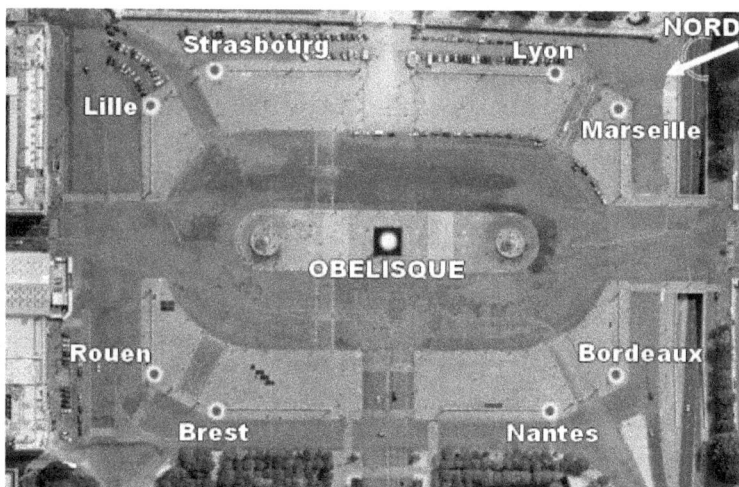

Les statues des villes sur la Place de la Concorde (Paris)

L'Alsace et la Lorraine ayant été perdues au profit des Allemands après la défaite de l'armée française en 1870, elle devint le symbole du drame national et fut voilée d'un crêpe noir.

Aussi, lors des célébrations de l'Armistice en 1918, elle reçut en abondance drapeaux tricolores et couronnes de fleurs.

La statue allégorique de Strasbourg, 2019 et 1870

Si nous traçons une ligne qui part du centre de la Maison de Radio-France et que nous la faisons passer exactement sur cette statue, nous obtenons un axe qui atteint comme par enchantement l'extrémité Nord du Faubourg de Strasbourg et l'entrée principale de la Gare de l'Est, anciennement baptisée Embarcadère de Strasbourg ! C.Q.F.D !

Cette démonstration qui n'en est qu'une parmi tant d'autres, prouve qu'à l'évidence, Paris possède un système qui permet une interconnexion entre ses voies, ses monuments, et ses statues. Ceci n'est que l'aspect le plus rassurant de cet étrange Code...

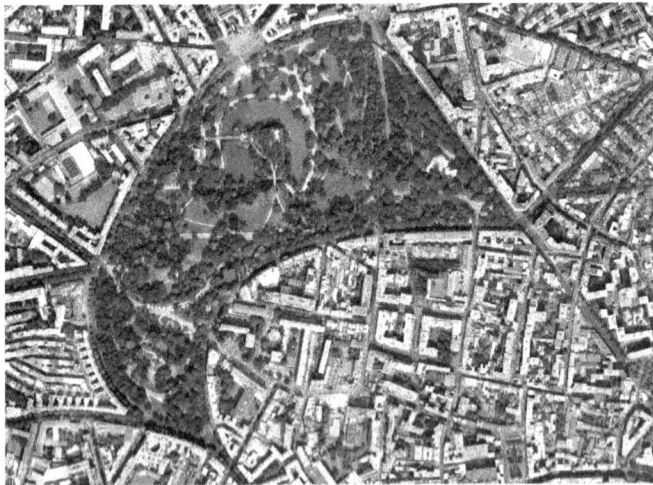

L e Parc des Buttes Chaumont est une tête d'aigle, avec un œil qui voit tout...

Le Parisis Code

Voici ce que m'écrivait un de mes lecteurs (un architecte de Bruxelles) après avoir lu quelques-uns de mes livres traitant du Parisis Code :

"Ce code paraît si extraordinaire qu'à la lecture, on ne peut s'empêcher de penser que vous êtes en plein délire...

Mais en vérifiant, on a beau se dire que c'est impossible, c'est pourtant bien réel... Dès lors, la seule réponse raisonnable paraît improbable !

Votre "invention" est si puissante qu'elle s'est imposée au-delà des barrières du temps !

Chaque fois qu'un traceur de rue ou qu'un nominateur de lieu imposa son choix, il n'a pu le faire qu'en référence à votre système...Si cela paraît incompatible en physique traditionnelle, c'est tout à fait possible en mécanique quantique... Mais cela pose alors une sérieuse question : Qu'est-ce que le réel ?

Une coïncidence suggère une ligne d'investigation, deux coïncidences deviennent un indice, trois coïncidences constituent le début d'une preuve et 4 coïncidences ne sont plus des coïncidences... En lisant cet ouvrage, vous ne pourrez que vous demander si c'est possible.

L'auteur nous balade-t-il en nous décrivant de très nombreux exemples d'alignements improbables ?

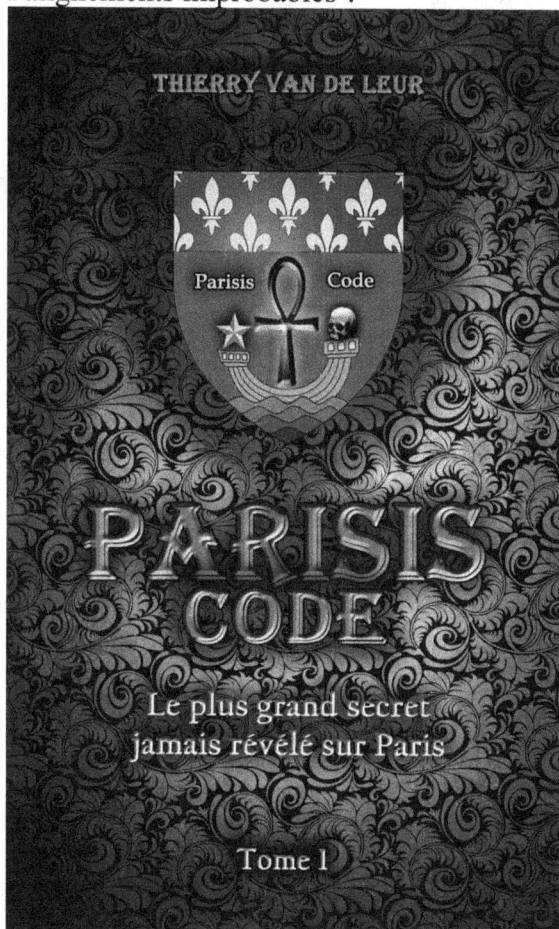

Comment les noms des rues, des places et des édifices publics de Paris ont-ils pu, tout au long des siècles, être ainsi programmés ? Toutes ces questions vous hanteront et vous courrez acheter le plan de Paris (carte Michelin n° 55) et vous vérifierez par vous-même...

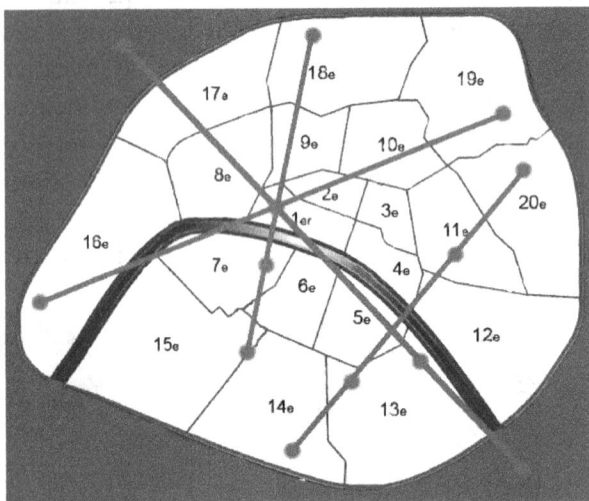

Vous vous direz alors que Napoléon-Bonaparte a vraisemblablement imprimé sa volonté à travers son neveu (Napoléon III) et Haussmann, vous penserez que François Mitterrand qui croyait aux "forces de l'esprit" a poursuivi ce plan étonnant, et vous vous direz que ce n'est pas impossible...

Mais vous commencerez à douter, lorsque vous constaterez que cela fonctionne aussi pour les Présidents suivants...

Vous vous demanderez inévitablement qu'est-ce que la réalité et si l'on peut prédire l'avenir avec ce système ?

Après avoir lu plusieurs ouvrages scientifiques sur ce sujet, dont ceux du physicien Philippe Guillemant, je ne peux que confirmer cette thèse, évidemment sur les faits déjà passés, mais, paradoxalement, aussi sur les futurs.

En effet, votre perception des choses et des événements semble peu commune, pour ne pas dire exceptionnelle, mais si l'on comprend bien la théorie de J-P Garnier-Mallet, explicitée dans ses deux livres, lorsque l'on dort, on peut visiter, tel un joueur d'échecs, différentes options d'événements non encore parvenus à notre conscience.

LIVRES EDITES PAR L'AUTEUR

PARISIS CODE (tome 1)

Editions Lulu.com, 2012 - ISBN 979-10-91289-02-3

LE CODE SECRET DES RUES DE PARIS (Parisis Code **tome 2**)

Editions Lulu.com, 2012 - ISBN 979-10-91289-03-0

ET DIEU CREA …LE CODE - (Parisis Code **tome 3**)

Editions Lulu.com, 2012 - ISBN 978-2-9540731-7-0

PARIS, CAPITALE DU DESTIN - (Parisis Code **tome 4**)

Editions Lulu.com, 2012 - ISBN 978-2-9540731-4-9

LE METRO VIRTUEL - (Parisis Code **tome 5**)

Editions Lulu.com, 2012 - ISBN 979-10-91289-01-6

LES ARCHIVES CHRONO-PARADOXALES - (P. Code **tome 6**)

- Lulu.com, 2014 - ISBN 979-10-91289-11-5

LE GRAND CODE DE LONDRES

Editions Lulu.com, 2012 - ISBN 979-10-91289-04-7

L'EPHEMERE RESURRECTION DE LA BASTILLE

Editions Lulu.com, 2011 - ISBN 978-2-9540731-0-1

LE SECRET SOLAIRE DU MONT SAINTE ODILE

Editions Lulu.com, 2011 - ISBN 978-2-9540731-3-2

LES PHENOMENES SOLAIRES ARTIFICIELS

Editions Lulu.com, 2011 - ISBN 978-2-9540731-2-5

LES CLEFS CACHEES DE LA VIE

Editions Lulu.com, 2012 - ISBN 979-10-91289-05-4

ENIGMES tome 1

Editions Lulu.com, 2014 - ISBN 979-10-91289-12-2

ENIGMES tome 2

Editions Lulu.com, 2014 - ISBN 979-10-91289-13-9

L'INQUIETANT MESSAGE DE CHIBOLTON

Editions Lulu.com, 2012 - ISBN 978-2-9540731-6-3

LE FABULEUX SECRET DE PARIS

Editions Lulu.com, 2015 - ISBN 979-10-91289-15-3

L'ULTIME SECRET DE FATIMA

Editions Lulu.com, 2015 - ISBN 979-10-91289-18-4

MARINE LE PEN, UN DESTIN GRAVE DANS PARIS

Editions Lulu.com, 2015 - ISBN 979-10-91289-17-7

JE SUIS… CODEE

Editions Lulu.com, 2015 - ISBN 979-10-91289-22-1

MACRON, UN DESTIN MACHIAVELIQUE GRAVE DANS PARIS

Editions Lulu.com, 2017 - ISBN 979-10-91289-27-6

JOHNNY HALLYDAY, un fabuleux destin encodé dans Paris

Editions Lulu.com, 2017 - ISBN 979-10-91289-29-0

VIES D'ARTISTES encodées dans Paris

Editions Lulu.com, 2018 - ISBN 979-10-91289-30-6

LE PARISIS CODE FAIT SON CINEMA

Editions Lulu.com, 2018 - ISBN 979-10-91289-31-3

LE SECRET DES RUES DE STRASBOURG - Tome 1

Editions Lulu.com, 2019 - ISBN 979-10-91289-33-7

LE SECRET DES RUES DE STRASBOURG - Tome 2

Editions Lulu.com, 2019 - ISBN 979-10-91289-34-4

"SAINT" ROBERT SCHUMAN

Editions Lulu.com, 2019 - ISBN 979-10-91289-35-1

Retrouvez les dernières publications de l'auteur sur

Lulu.com   amazon.com

Tous les livres peuvent être commandés directement.

Contacter l'auteur : t.van-de-leur@laposte.net

Pour suivre les dernières informations :
http://parisis-code.skyrock.com (52.000 visites depuis 2009) :

Dernière mise à jour le 23 mars 2019

www.ingramcontent.com/pod-product-compliance
Lightning Source LLC
Chambersburg PA
CBHW071227290326
41931CB00037B/2252